# 微信公众平台

**图文颜值美化＋吸粉引流方法＋赚钱赢利技巧**

## （第2版）

叶飞◎编著

清华大学出版社

北京

## 内 容 简 介

本书通过12个专题内容、190多个实战技巧、580多张图片、30多个图解以及50多个专家提醒，详细介绍了微信公众号的账号设置、模块管理、后台排版、第三方插件排版、Photoshop入门、公众号设计、微店设计、查看数据、分析数据、吸粉引流、用户留存促活和变现赢利等内容。本书用技巧提炼+操作详解+经典案例的写法，以图文并茂的方式呈现每个知识点，教您快速掌握微信公众号营销与运营技巧，步步为营，层层突破，以最快的速度、最轻松的姿态实现盈利！

本书结构清晰，介绍了一套完整、详细、实战性强的企业和个人微信公众号运营系统，适合微信公众号运营者、从事公众号运营和营销的人士阅读。此外，希望通过微信公众号进行营销的个人、企业和商家，也能从本书中汲取营养。

**图书在版编目(CIP)数据**

微信公众平台：图文颜值美化+吸粉引流方法+赚钱赢利技巧/叶飞编著. —2版. —北京：清华大学出版社，2020.1（2020.10重印）

ISBN 978-7-302-53935-3

Ⅰ.①微…　Ⅱ.①叶…　Ⅲ.①网络营销　Ⅳ.①F713.365.2

中国版本图书馆CIP数据核字(2019)第224394号

责任编辑：杨作梅
装帧设计：杨玉兰
责任校对：王明明
责任印制：丛怀宇

出版发行：清华大学出版社
　　网　　址：http://www.tup.com.cn, http://www.wqbook.com
　　地　　址：北京清华大学学研大厦A座　　邮　　编：100084
　　社 总 机：010-62770175　　邮　　购：010-62786544
　　投稿与读者服务：010-62776969, c-service@tup.tsinghua.edu.cn
　　质量反馈：010-62772015, zhiliang@tup.tsinghua.edu.cn
印 装 者：涿州汇美亿浓印刷有限公司
经　　销：全国新华书店
开　　本：170mm×240mm　　印　　张：16.5　　字　　数：335千字
版　　次：2017年5月第1版　　2020年1月第2版　　印　　次：2020年10月第3次印刷
定　　价：59.80元

产品编号：082913-01

# 前言

## ■ 写作驱动

随着微信用户将达到 9 亿，公众号达到 2000 多万个，公众号已经成为企业的标配，不仅越来越普及，而且有着非常大的成长空间。基于此，关于微信公众号运营方面的书籍也极具市场，然而市面上这方面书籍的种类已经有很多，要想接脱颖而出，就必须有独到之处。

在这种情况下，笔者想在《微信公众平台运营一本通：图文颜值美化＋吸粉引流方法＋赚钱赢利技巧》的基础上进行升级，新增了微信公众号后台操作、广告美工和数据分析 3 人部分内容，循序渐进地以实例的方式进行了讲解，最终有了呈现在读者面前的《微信公众平台：图文颜值美化＋吸粉引流方法＋赚钱赢利技巧（第 2 版）》这本书。该书分 12 大专题内容对公众号运营与营销涉及的相关知识进行了介绍，希望能为读者提供实质性的帮助。

## ■ 特色亮点

本书做了以下三个方面的努力，这也正是本书的独特之处：

（1）来源于实战，又高于实战。本书基于笔者多年微信公众号运营实战的基础编写，各种想法来源于实际操作，又得到了验证，取得了一定的成果。在撰写的过程中，笔者做了系统的、总结性的完善，足以作为一个有想法、从零开始的普通公众号的运营范本。

（2）内容很全面，功能又齐全。本书囊括了后台操作、图文排版、广告美工、数据分析和营销运营 5 个方面的内容，兼具后台操作、图文编辑排版、Photoshop软件应用、广告设计、Excel 操作和吸粉引流等十余种功能。读者遇到的运营过程中的各种问题、想学习的运营过程中的各种技巧，都能在书中找到直接的答案或可替代的方案。

（3）操作具体翔实、清楚明白。关于各种操作的描述，都是边操作边介绍，还配以插图；在一个个完整的步骤里，采用了一个动作一个序号、一个动作一个图上标识的方式，力图让读者一看就懂。即使以前没有接触过的读者，也能按"步"就"搬"地把各种功能和管理技巧学会、学懂、学透，不留遗憾。

## ■ 本书内容

本书主要通过"能力提升线＋干货技巧线"两条线索，帮助读者精通微信公众号运营与营销，打造具备鲜明的个人风格的微信公众号。

第一条能力提升线，从图文颜值美化、吸粉引流方法到赚钱赢利技巧，用12章篇幅来一项项详解能力提升，无论是实战操作，还是实用技巧，应有尽有，让您一书精通微信公众号运营与营销！

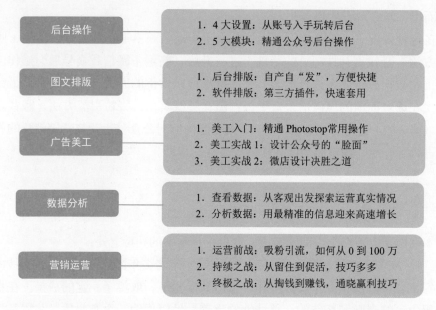

| 后台操作 | 1. 4大设置：从账号入手玩转后台 |
| | 2. 5大模块：精通公众号后台操作 |

| 图文排版 | 1. 后台排版：自产自"发"，方便快捷 |
| | 2. 软件排版：第三方插件，快速套用 |

| 广告美工 | 1. 美工入门：精通Photostop常用操作 |
| | 2. 美工实战1：设计公众号的"脸面" |
| | 3. 美工实战2：微店设计决胜之道 |

| 数据分析 | 1. 查看数据：从客观出发探索运营真实情况 |
| | 2. 分析数据：用最精准的信息迎来高速增长 |

| 营销运营 | 1. 运营前战：吸粉引流，如何从0到100万 |
| | 2. 持续之战：从留住到促活，技巧多多 |
| | 3. 终极之战：从掏钱到赚钱，通晓赢利技巧 |

第二条干货技巧线，190多个纯高手干货技巧，从后台设置和管理、后台和第三方插件排版、Photoshop基本操作和广告设计、后台数据查看和Excel分析、用户引流、用户留存、用户促活和获利变现等，教您轻松攻克公众号运营工作，顺利完成公众号KPI，成为微信公众号运营高手。

## ■ 作者信息

本书由叶飞编著，参与编写的人员还有周玉姣等人，在此表示感谢。由于作者知识水平有限，书中难免有疏漏之处，恳请广大读者批评指正。

编　者

# 目录

# 第 1 章
## 4 种设置：从账号入手玩转后台

在微信公众号运营之初和运营发展的过程中，设置好账号的各种信息和功能，可以对后期的各类工作起到非常大的促进作用，如吸粉引流、安全操作和运营推广等。本章就立足于运营发展中的公众号，为大家详解怎样玩转后台账号设置。

### 要点展示

◆ 账号详情设置：可修改的账号内容
◆ 账号功能设置：更多可选功能
◆ 安全中心设置：放心操作无风险
◆ 关联小程序：更大范围的账号运营

# 1.1 账号详情设置：可修改的账号内容

在微信公众号后台，如果运营者和管理者对目前的账号设置不满意，可以进入"公众号设置"页面下的"账号详情"页面进行修改。下面介绍能修改的 7 项账号内容，以便让自身账号信息更完善、更吸睛。

## 1.1.1 修改头像：更吸睛

说到头像，一般的运营者都会认为，它是一个非常重要的标志，特别是微信公众号头像。在人们搜索公众号时，其结果显示的就是头像与名称，而头像作为以图片形式呈现给用户的账号标志，能带给读者巨大的视觉冲击，达到文字所不能实现的效果。

那么，如果想更换一个更好、更吸睛的头像，应该怎么设置呢？下面将进行具体介绍。

**步骤 01** 进入微信公众号平台后台首页，单击"公众号设置"按钮，选择"账号详情"选项，进入"账号详情"页面，单击公众号头像，如图 1-1 所示。

**图 1-1 "账号详情"页面**

**步骤 02** 执行上步操作后，弹出"修改头像"对话框，在"修改头像"页面，显示了头像修改的相关说明。单击"选择图片"按钮进入相应文件夹，选择一张图片，然后单击"下一步"按钮，如图 1-2 所示。切换到"确定修改"页面，单击"确定"按钮，如图 1-3 所示，即可完成头像修改。

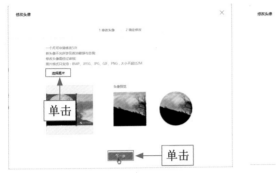

图 1-2　"修改头像"页面

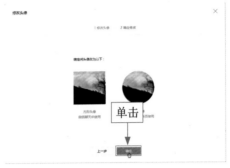

图 1-3　"确定修改"页面

**专家提醒**

在选择新的头像时，运营者应该结合账号本身、用户情况和推广需求来进行设置，这样才算是成功的头像修改策略，否则做的就是无用功。

## 1.1.2　修改微信号：更易搜索

微信号作为读者搜索和添加的依据，是独一无二的，因此，利用后台的微信号可修改功能，设置一个更易搜索和便于记住的微信号，就显得尤为重要。接下来就针对微信号的修改操作进行讲解，以便帮助更多的运营者找到更好的运营途径。

**步骤 01**　进入"公众号设置"下的"账号详情"页面，单击"微信号"右侧的"修改"按钮，如图 1-4 所示。

图 1-4　单击"修改"按钮

步骤 **02** 执行上步操作后，弹出"修改微信号"对话框，进入"验证身份"页面，使用管理员微信扫描该页面上的二维码进行验证，如图1-5所示。进入"修改微信号"页面，在"新微信号"文本框中输入修改的微信号，单击"确定"按钮，如图1-6所示。

步骤 **03** 执行上步操作后，进入"确定修改"页面，该页面显示了修改前后的微信号信息及相关提示。如果运营者确定修改，可单击"确定"按钮完成操作，如图1-7所示。

图1-5　"验证身份"页面　　　　　图1-6　"修改微信号"页面

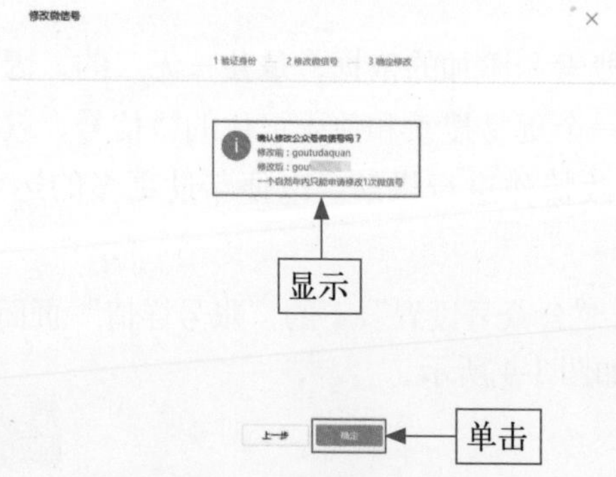

图1-7　"确定修改"页面

## 1.1.3　订阅号转为服务号：信息直达

微信公众平台的订阅号和服务号，对企业和商家来说，各有其优势，而就信息直达方面来说，服务号明显更有效。而在微信公众平台后台，提供了把订阅号转为服务号的便捷途径，下面将就这一设置进行具体讲解。

**步骤 01** 进入"公众号设置"下的"账号详情"页面，单击"类型"右侧的"转为服务号"按钮，如图1-8所示。

**步骤 02** 执行上步操作后，弹出"订阅号转为服务号"对话框，进入"了解账号区别"页面，在该页面分"账号类型""订阅号"和"服务号"3列来说明两者之间的区别。阅读完后，单击"下一步"按钮，如图1-9所示。进入"再次确认"页面，该页面显示了确认转为服务号的提示信息，单击"确定"按钮，如图1-10所示。

**步骤 03** 执行操作后，进入"验证管理员身份"页面，如图1-11所示。使用管理员微信扫描该页面上的二维码完成身份验证，即可把订阅号转为服务号。

图1-8　单击"转为服务号"按钮

图1-9　"了解账号区别"页面

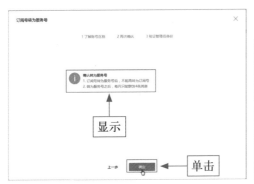

图1-10　"再次确认"页面

图1-11　扫描二维码验证管理员身份

# 1.1.4　修改介绍：提升形象

　　显示在资料页面的"介绍"是用户了解该公众号的入口和关键，假如它能引人入胜、树立一个良好的企业和品牌形象，那么用户搜索到之后会选择关注。运营者在已有公众号的情况下，需要设置一个更吸引人的"介绍"，那么应该怎么操作呢？具体方法如下。

　　**步骤 01**　进入"公众号设置"下的"账号详情"页面，单击"介绍"右侧的"修改"按钮，如图 1-12 所示。

**图 1-12　单击"修改"按钮**

　　**步骤 02**　执行操作后，弹出"修改功能介绍"对话框，进入"修改功能介绍"页面，在中间的文本框中输入修改的功能介绍内容，单击"下一步"按钮，如图 1-13 所示。进入"确定修改"页面，该页面显示了确认修改功能介绍的内容和提示信息，单击"确定"按钮，如图 1-14 所示，即可完成功能介绍的修改。当内容审核成功后，即可使用修改后的功能介绍。

**图 1-13　"修改功能介绍"页面**　　　　**图 1-14　"确定修改"页面**

**专家提醒**

运营者需要确认修改的内容不含国家相关法律法规禁止的内容，否则将不能成功提交，这在"确认修改"页面上有提示，运营者需要加以注意。

## 1.1.5 微信认证的年审：更多好处

微信公众平台跟企业的营业执照一样，每过一年就要年审一次。年审主要是检查信息有无更改，起到及时更新信息的作用。想必有很多人并不知道年审的相关操作，笔者在此简单地讲解一下微信公众号的年审流程。

**步骤 01** 关于微信公众平台的年审系统一般会提前 2~3 个月提醒，只要按照提醒的窗口进入年审页面即可。图 1-15 所示为微信认证提示，单击"去认证"按钮。

**步骤 02** 执行操作后，进入相应页面，勾选"我同意并遵守上述《微信公众平台认证协议》"条款，单击"下一步"按钮，如图 1-16 所示。

**步骤 03** 接下来就是进行账号验证了。进行账号验证需要正确填写运营者的姓名、身份证号码等信息，如图 1-17 所示。提交认证信息之后还需要进行营业执照等信息的填写及 300 元认证费用的提交。操作完成后，按照微信平台系统提示的页面进入认证页面即可。在资料、费用都提交完之后还有一个为期 15 天的认证审核过程。

**图 1-15 微信认证提示**

勾选 → □我同意并签署上述《微信公众平台认证协议》

单击 → [下一步]

**图 1-16 认证页面**

**图 1-17 账号验证页面**

审核完成之后，腾讯将反馈以下审核结果，而年审到此也就告一段落了。

● 账号资质审核成功，用户获得向腾讯申请开通高级功能的资格；

● 账号名称审核成功，腾讯将做出认证成功的判断，确定用户的认证账号名称，生成认证标识及其认证信息；

● 认证失败，腾讯将告知用户认证失败的原因。

用户向腾讯或者第三方审核机构提供的资料和信息如有变更的，应及时采取以下措施。

● 如处于认证审核过程中的资料和信息发生变更，用户应立即通知腾讯或负责审核订单的第三方审核机构更新有关资料及信息；

● 如认证成功后资料和信息发生变更，用户应及时申请补充订单变更有关资料及其信息；

● 如认证成功后腾讯发现资料和信息存在错误，用户应及时申请补充订单更正的有关资料及信息。

# 1.1.6 客服电话设置：联系更畅通

在微信公众平台的资料页，有些公众号是没有设置客服电话的。如果平台管理者和运营者出于工作和业务需要对没有设置客服电话的公众号重新进行设置，那么可以按照以下方法进行操作。

步骤 01 进入"公众号设置"下的"账号详情"页面，单击"客服电话"右侧的"设置"按钮，如图1-18所示。

图1-18 单击"设置"按钮

步骤 02 执行操作后，弹出"修改客服电话"对话框，在"客服电话"下方的文本框中输入号码，单击"确定"按钮，如图1-19所示，即可完成客服电话设置。

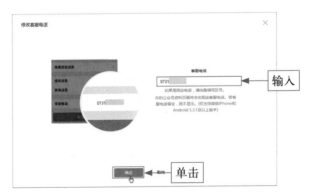

图1-19 "修改客服电话"对话框

**专家提醒**

关于公众号的账号信息，除了上述内容中介绍的可修改的内容外，其实还有其他内容也是可以进行修改设置的，如主体信息中的"账号迁移"操作、修改登录邮箱等。

# 1.2  账号功能设置：更多可选功能

在微信公众号后台的"公众号设置"页面，除了可以通过选择"账号详情"选项进行设置外，还可以选择"功能设置"选项进行相关操作。

## 1.2.1  隐私设置：开通可搜索功能

在"功能设置"页面，赫然排在第一位的就是"隐私设置"，这是管理者和运营者对是否能通过名称搜索到自身公众号功能的设置。其操作方法如下。

进入"功能设置"页面，单击"隐私设置"功能右侧的"设置"按钮，如图1-20所示。执行操作后，进入"隐私设置"对话框，显示了"是"和"否"两个选项。选择"是"单选按钮，则是允许通过名称搜索到自身公众号；反之，则搜索不到。在此笔者选择"是"单选按钮，单击"确定"按钮，如图1-21所示，即可完成设置。

图 1-20  单击"设置"按钮            图 1-21   "隐私设置"对话框

## 1.2.2  图片水印设置：给图片加标签

要想让微信公众号的图片吸引读者的眼球，给图片打个标签也是微信公众号运营者需要注意的一个问题。给图片打标签的意思就是给公众号的图片加上专属于该公众号的水印。同样，这一操作也可以在"功能设置"中完成。

进入"功能设置"页面，单击"图片水印"功能右侧的"设置"按钮，如图1-22所示，弹出"图片水印设置"对话框，如图1-23所示。从图1-23中可以看到，图片水印的设置有使用微信号、使用名称和不添加3种形式。在此笔者选择"使用名称"单选按钮，单击"确定"按钮，即可为图片添加水印。

图 1-22　单击"设置"按钮　　　　图 1-23　　"图片水印设置"对话框

　　既然我们的目的是要给图片打标签，那我们就可以选择忽视第三种形式。微信公众号运营者可以在第一种和第二种形式中根据自己的想法选择一种设定微信图片的水印的形式。

## 1.3　安全中心设置：放心操作无风险

　　保障账号运营安全，管理者和运营者才能放心操作。那么，怎样才能提升公众号的安全系数，实现放心操作的目标呢？这一问题，可通过微信公众平台后台首页"设置"区域的"安全设置"功能来解决。

### 1.3.1　人员设置：权限不同，添加双重保险

　　在微信公众号运营过程中，涉及运营工作的有管理者和运营者。有些工作只有进行了管理员身份验证后才能进行，如"修改微信号"操作和"订阅号转为服务号"操作就是如此，还有"密码修改"操作也是需要管理员权限才能进行的。

　　可见，对运营工作中的不同人员进行有效管理，可以在更大程度上保障其运营安全。那么，它是怎样进行设置的呢？在此将为大家进行讲解。

　　步骤　01　　进入"安全中心"页面，单击"管理员和运营者设置"右侧的"详情"按钮，如图 1-24 所示。

**图 1-24　单击"详情"按钮**

步骤 02　进入"安全中心／管理员和运营者设置"页面，如图 1-25 所示。在该页面可以通过单击"管理员信息"右侧的"修改"按钮修改管理员信息，还可以在"运营者管理"区域，通过单击"绑定运营者微信号"来添加运营者；通过单击"操作"下方的"解除绑定"按钮可以解除绑定的运营者微信号。

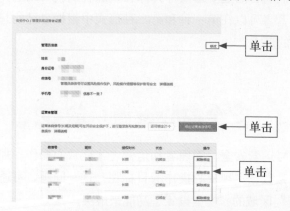

**图 1-25　管理员和运营者设置**

## 1.3.2　风险操作保护：需验证的操作行为

在微信公众平台后台的"安全中心"页面，共有6项内容，"风险操作保护"就是其中之一。有读者不禁要问，它究竟有什么样的作用？

其实，开启了风险操作保护的公众号，当其在进行有风险的操作时是需要进行验证的，如登录、修改密码和群发信息等。单击"风险操作保护"右侧的"详情"按钮，进入"安全中心／风险操作保护"页面可查看其具体内容，如图 1-26 所示。

图 1-26 中的表格中显示了各风险操作的内容和目前的保护状态，如果管理者和运营者想要修改目前的保护状态，单击"操作"栏下方的"关闭保护"或"开启保护"即可。

在图 1-26 的上方，还有一个可以更换管理员微信号的操作，单击"更换"按钮，可进入相应页面去修改管理员绑定的微信号。

图 1-26    "安全中心 / 风险操作保护"页面

## 1.3.3  IP 白名单：获取 access_token（访问令牌）

在运营微信公众号的过程中，如果没有开通 IP 白名单，那么就不能获取 access_token（访问令牌），自然也就不能调用各接口了。换句话说，开通白名单才能获取调用各接口的 access_token。那么，应该如何设置呢？具体操作如下。

步骤 **01**    进入"安全中心"页面，单击"IP 白名单"右侧的"去设置"按钮，如图 1-27 所示。

图 1-27    单击"去设置"按钮

步骤 02 　　执行操作后，弹出"IP白名单设置"对话框，在文本框中输入IP地址，单击"确认修改"按钮，如图1-28所示，即可为微信公众号设置IP白名单。

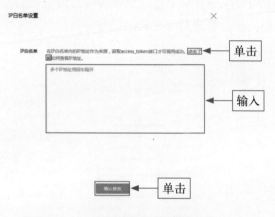

**图 1-28 　"IP 白名单设置"对话框**

在进行设置的过程中，可能会有疑惑——IP地址应该怎么确认？这一问题其实不难解决，细心的运营者会发现，在"IP白名单设置"对话框中有一个"点击了解"文字链接，单击该文字链接，即可查看相关步骤。

# 1.4　关联小程序：更大范围的账号运营

小程序，全称为微信小程序，可见，它与微信有着紧密的联系。而微信公众号作为排在微信"通信录"中的一员，它又将怎样抓住小程序这一应用入口，实现更大范围内的运营和推广呢？本节将就微信公众号中与小程序相关的一些内容进行简单介绍，以便运营者用好小程序和微信，从而让微信公众号更上一个台阶。

## 1.4.1　小程序管理："添加"＋"解除"

微信公众平台后台专门设置了"小程序"区域以在后台操作小程序，单击"小程序管理"按钮进入相应页面，即可对小程序进行管理。

### 1．添加小程序

关于微信公众号与小程序，两者之间可关联的关系是多样的，具体如图 1-29 所示。

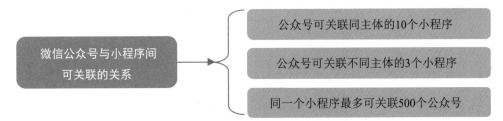

图 1-29　微信公众号与小程序间可关联的关系

既然有着如此多样的可关联关系，那么它们是怎样实现相互关联的呢？其操作方法是：进入"小程序管理"页面，单击"添加"按钮，如图 1-30 所示；弹出"添加小程序"对话框，有"关联小程序"和"快速注册并认证小程序"两个选项，如图 1-31 所示，选择相应的选项，即可一步步添加小程序。

图 1-30　单击"添加"按钮　　　图 1-31　"添加小程序"对话框

### 2．解除关联的小程序

上面介绍了添加关联的小程序的方法，接下来就为大家介绍解除关联的小程序的方法。具体操作如下。

进入"小程序管理"页面，移动鼠标指针至已关联的小程序上，显示"详情"按钮并进行单击，如图 1-32 所示。弹出"小程序详情"对话框，显示了已关联小程序的各项信息，单击"解除关联"按钮，如图 1-33 所示。在弹出的"取消关联小程序"对话框中，用管理员微信扫描二维码，即可确认取消关联。

图 1-32　单击"详情"按钮　　　　图 1-33　单击"解除关联"按钮

## 1.4.2　小程序展示场景："地点信息"＋资料页

在已有关联的小程序情况下，可以在微信公众平台后台设置其展示场景。原有的展示场景的设置包括两种形式，即"附近的小程序"和"公众号资料页"。当然，在公众号的"附近的小程序"功能与门店小程序进行升级合并期间，前者已经不再支持开通。因此，本小节以设置"公众号资料页"展示场景为例介绍其操作方法。

进入"展示场景"页面，选择"公众号资料页"选项，进入"公众号资料页"页面，在该页面的"选择你要展示的小程序"区域将显示已关联的小程序，如图 1-34所示。勾选要展示在公众号资料页的小程序，此时，在"展示中的小程序"区域下方将显示选择的小程序。单击"发布"按钮，如图 1-35 所示，即可在公众号资料页场景中展示小程序。

图 1-34　显示关联的小程序

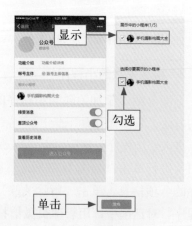

图 1-35　设置在公众号资料页展示小程序

# 第 2 章
## 5 个模块：精通公众号后台操作

对运营者来说，在设置好账号的基础上，为了进一步实现高效运营，非常有必要在后台 5 个模块的设置上下功夫。

本章从基础的、常用的后台操作出发，为读者介绍微信公众号后台运营。

**要点展示**

◆ 功能管理：后台功能熟练掌握
◆ 消息管理：后台互动的集中场所
◆ 用户管理：后台的用户资料库
◆ 素材管理：储备多多的有用内容
◆ 推广管理：宣传、获利都可以实现

# 2.1 功能管理：后台功能熟练掌握

在微信公众号平台后台，"功能"栏就在"首页"栏的下方，其实，它不仅在位置上具有优势，在后台管理中也占据了非常重要的地位：无论是线上线下，还是前台后台，都与之紧密关联。因而，熟练运用和掌握公众号的功能管理，是后台操作的重点任务。

## 2.1.1 自动回复：与用户及时互动

在功能管理中，自动回复的设置包括3类，即关键词回复、收到消息回复和被关注回复。说到具体操作，后两类大体是一样的，不同的是设置的回复内容，且操作比较简单，在此就不再具体介绍。而前一类却有着本质的不同，且比较复杂，下面将进行详细介绍。

所谓"关键词回复"，指的是当用户发送的信息中出现平台设置的完整的关键词时，平台就会触发"关键词回复"功能，把预先设置的信息内容发送给对方。图2-1所示为"手机摄影构图大全"公众号的用户输入关键词"合作"时"关键词回复"结果显示页面。

图 2-1 "关键词回复"结果显示页面

下面是设置"关键词回复"的具体操作：

步骤 01 进入微信公众号平台后台首页，单击"自动回复"按钮，选择"关键词回复"选项，进入"关键词回复"界面，单击"添加回复"按钮，如图 2-2 所示，执行操作后，即可进入"关键词回复"界面。

图 2-2 "关键词回复"界面

在"关键词回复"界面，设置内容包括3项：规则名称、关键词和回复内容。我们需要一一对其进行设置。在此以企业或商家寻求合作的情况为例，介绍关键词回复的内容设置。

步骤 02　在"规则名称"选项中，填写简单的能说明具体事由的词或词组，不可超过60个字，在此输入"合作"一词，如图2-3所示。

图2-3　"规则名称"设置

步骤 03　在"关键词"选项中，首先选择"半匹配"选项，然后输入用户发送信息中一定会出现的关键词——"合作"。假如要设置的关键词是两个或两个以上，就需要单击右侧的"添加"按钮 ＋，如图2-4所示，在新出现的"关键词"设置区域输入相应内容。如果编辑完成后又觉得多余，可以移动鼠标指针至设置的关键词区域，会出现"删除"按钮 －，单击即可完成删除操作，如图2-5所示。

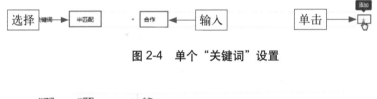

图2-4　单个"关键词"设置

图2-5　多个"关键词"设置

步骤 04　在"回复内容"选项中，把鼠标指针移到"回复内容"右侧的"添加"按钮 ＋ 上，就会出现可以添加的5种内容形式，在此选择"文字"选项，如图2-6所示。弹出"添加回复文字"对话框，输入回复内容，单击"确定"按钮，如图2-7所示。

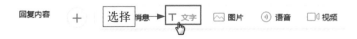

图2-6　选择"文字"选项

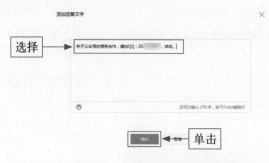

**图 2-7 "添加回复文字"对话框**

步骤 05 执行上述操作后，即可在"关键词回复"设置页面显示回复内容，如图 2-8 所示。不知大家有没有注意到，当将鼠标指标移至回复内容上时，在回复内容的右侧，还会出现"编辑"和"删除"两个图形标识，单击它们，可分别对回复内容执行相应操作。

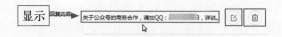

**图 2-8 显示回复内容**

步骤 06 设置完"关键词回复"的具体内容后，接下来就是为这些内容选择一种合适的回复方式，在此勾选"随机回复一条"单选按钮，单击"保存"按钮即可完成新建"关键词回复"设置的全部操作，如图 2-9 所示。

**图 2-9 选择回复方式并保存设置**

## 2.1.2 自定义菜单：分门别类安排内容

如果企业或者个人要进行微信公众平台运营，那么，了解一些与公众号栏目设置相关的知识是非常有必要的。而自定义菜单管理是公众号进行栏目设置的一个重要内容，是微信订阅者在点开或者关注某一个微信公众号之后，页面的最下方首先出现的几个栏目。图 2-10 所示为"手机摄影构图大全"微信公众号设置的自定义菜单栏目。

图 2-10 "手机摄影构图大全"公众号设置的自定义菜单栏目展示

 **专家提醒**

> 微信公众号的自定义菜单栏是可以由微信公众平台的运营者自己设置的，因而并不是所有的公众号都有菜单栏。
>
> 微信公众平台规定，一个公众号可以添加 3 个一级菜单，而一个一级菜单下最多可以添加 5 个子菜单。

下面介绍设置"自定义菜单"的操作流程，具体内容如下：

步骤 01 登录微信公众平台后台首页，单击功能栏中的"自定义菜单"按钮，进入"自定义菜单"界面，单击界面下方的"＋添加菜单"按钮，如图 2-11 所示。进入"菜单编辑中"页面，在这个页面已出现了一级菜单，只要在页面中的"菜单名称"栏中，输入自己想要设置的名称即可，如图 2-12 所示。

 **专家提醒**

> 企业和个人在输入名称之前，要先规划好每个一级菜单的作用，这样取名字时就会比较方便。

一级菜单名称设置成功之后，运营者需要进行菜单内容设置。在菜单内容设置中，有"发送消息"和"跳转网页"两个选项可以选择，商家可以根据自己的需求进行选择。

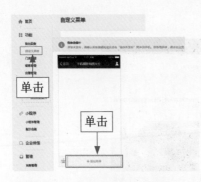

图 2-11　"自定义菜单"界面

图 2-12　完成一级菜单名称设置

**步骤 02**　单击"构图大师"菜单，勾选"发送消息"单选按钮，进入相应页面。如果选择发送图文消息，则要单击"图文消息"按钮，单击"从素材库中选择"按钮（还可单击"新建图文消息"按钮）设置图文消息，弹出"选择素材"对话框，选择需要的图文消息并单击，然后单击"确定"按钮，即可完成菜单内容的设置，如图 2-13 所示。

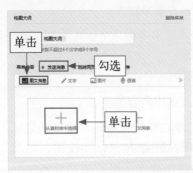

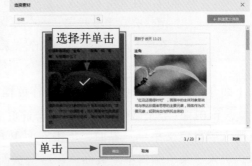

图 2-13　"发送信息"选项设置

**步骤 03**　单击"摄影图书"菜单，勾选"跳转网页"单选按钮，进入相应页面。在"页面地址"文本框中，输入跳转的网址即可完成设置，如图 2-14 所示。

**专家提醒**

设置"跳转网页"选项还有一种方法：单击"从公众号图文消息中选择"链接，在弹出的"选择图文消息页面"对话框中选择需要跳转的网页，单击"确定"按钮即可完成设置。

图 2-14　"跳转网页"选项设置

接下来就来介绍添加子菜单的相关操作。

**专家提醒**

　　需要注意的是，在设置完一级菜单之后，如果需要在一级菜单下添加子菜单的话，那么一级菜单中的内容设置就会被清除。

步骤 04　在一级菜单操作的页面中，单击"直播教程"一级菜单上的"+"按钮，就会成功添加一个显示"子菜单名称"文本的子菜单。在右侧的"子菜单名称"文本框中，输入子菜单的名称，左下方的子菜单栏中就会显示对应的子菜单名称，如图 2-15 所示。

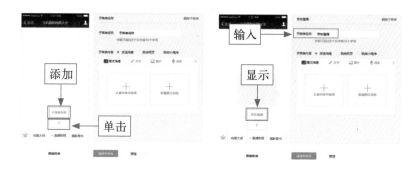

图 2-15　添加子菜单及其名称设置

至于子菜单的内容，参考步骤 02 或者步骤 03 的操作即可完成。如果要添加多个子菜单，也可按照步骤 04 的方法进行操作，然后再设置子菜单的内容即可。

### 2.1.3　留言管理：更好地了解用户反馈

对于微信公众号而言，如果用户想要与平台沟通，那么可以在平台留言，而运营者可以通过微信公众平台后台对这些留言进行管理。下面介绍"留言管理"功能的具体操作方法。

步骤 01　登录微信公众平台后台首页，单击功能栏中的"留言管理"按钮，进入相应界面。移动鼠标指标至一条留言的右侧，可以看到在留言的右侧出现了3个图标，分别为"精选""置顶"和"删除留言"，单击图标即可执行相应操作。在此，单击"精选"按钮，如图2-16所示。

**图2-16　设置"留言精选"**

步骤 02　执行操作后，即可将该留言精选。成功设置网友留言精选之后，在留言右侧"操作"栏的下方，就只有一个★图标，如图2-17所示，表示留言已精选。当然，如果不小心点错了或者是要把已加入精选的留言撤销，单击★图标即可。

**图2-17　显示精选图标**

除了可以"精选"留言外，还可以将留言置顶或删除。另外，如果查看留言时，觉得留言太多、太繁杂，可以通过该界面留言上方的3个选项来进行筛选，如图2-18所示，或通过右上角的搜索框进行搜索。

**专家提醒**

上面介绍的是电脑端的微信公众号留言管理，其实，通过手机移动端可以更方便快捷地管理留言。

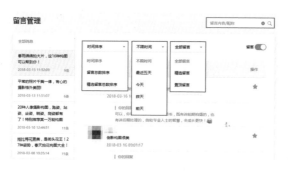

图 2-18　筛选留言

## 2.1.4　投票管理：系统化管理平台活动

在微信公众平台上，展开一场有意义的投票活动，不仅可以吸引平台用户参与，提升用户活跃度，且有些投票活动还可以吸引更多的用户关注公众号，实现快速引流的目标。

在微信公众平台后台，运营者可以新建投票和对已截止的投票进行查看"详情"和"删除"操作。在此将为大家具体介绍"新建投票"的操作方法。

**步骤 01**　登录微信公众平台后台首页，单击功能栏中的"投票管理"按钮，进入相应界面，单击"新建投票"按钮，如图 2-19 所示。

图 2-19　单击"新建投票"按钮

**步骤 02** 执行操作后，进入"投票管理＞新建投票"页面设置投票信息，首先在该页面设置"投票名称"和投票的"截止时间"，然后在下方的"问题"区域，设置其"标题""选择方式"和各个选项，如图2-20所示。

图 2-20  设置"新建投票"信息

**专家提醒**

在"投票管理＞新建投票"页面，默认的"问题"只有一个，问题的"选项"只有3个，如果运营者有多个问题或更多的选项，可以自行添加。

**步骤 03** 设置完成后，可以单击"预览"按钮，扫描二维码预览新建投票。确认无误后，单击"保存并发布"按钮，弹出"发布投票"对话框，显示"发布投票后投票将不可编辑，是否发布？"提示。运营者如果确认发布，单击"发布"按钮，如图2-21所示，即可发布新建的投票。

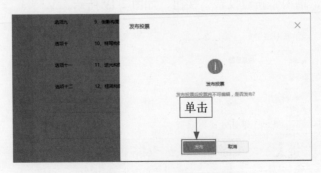

图 2-21  "发布投票"对话框

**步骤** 04 执行操作后，返回"投票管理"页面，在该页面会显示新建的投票信息，如图2-22所示。

图 2-22 新建投票的效果展示

## 2.1.5 页面模板：层级、排序更清晰

通过微信公众平台的"页面模板"功能，运营者可以在按照一定顺序导入控件和素材之后，复制链接到自定义菜单上对外发布。可见，通过页面模板的添加和设置，可以让用户更加快速地找到需要的信息，更加系统地阅读推送的图文内容。

在微信公众号后台，运营者不仅可以添加模板，还可以对已添加的模板进行编辑和修改。本节以添加模板为例，介绍具体的操作方法。

**步骤** 01 登录微信公众平台后台首页，单击功能栏中的"页面模板"按钮，进入相应界面，单击"添加模板"按钮，如图2-23所示。

图 2-23 单击"添加模板"按钮

**步骤** 02 进入"选择模板"页面，有"列表模板"和"封面模板"两种，单击"选择"按钮选择封面模板，如图2-24所示。执行操作后，进入"页面模

板／编辑页面"页面，在其中可以设置上方的封面文章、下方分栏及文章等内容。
首先，设置封面文章，单击右侧的"添加"按钮，如图2-25所示。

图 2-24　选择模板　　　　　　　　图 2-25　单击"添加"按钮

**步骤 03**　弹出"从素材管理中选择"对话框，在"已发送"页面，选择相
应的文章（最多可选择3篇文章），单击"确定"按钮，如图2-26所示，即可为
封面添加文章。如果运营者对目前的封面文章排序有调整，返回"页面模板／编
辑页面"页面后，可单击"添加"按钮右侧的"排序"按钮，然后拖动文章标签
来调整顺序，如图2-27所示。调整好后，单击"保存"按钮即可完成排序操作。

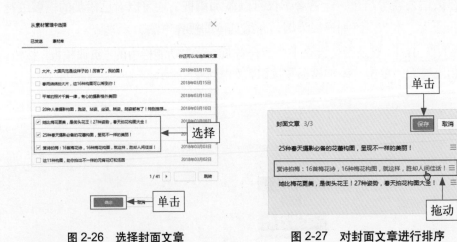

图 2-26　选择封面文章　　　　　　图 2-27　对封面文章进行排序

**步骤 04**　单击标题下方的"编辑"图标，按照上述同样的方法，可对文章
的分类名、标题进行设置，添加完成后，单击下方的"发布"按钮，即可完成页
面模板的发布，如图2-28所示。

**步骤 05**　执行操作后，返回"页面模板"页面，会显示添加的页面模板，在模板下方，有"编辑""复制链接"和"删除"图标，如图 2-29 所示，单击按钮即可执行相应操作。

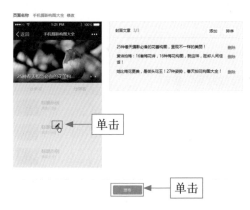

图 2-28　完成模板设置并发布

图 2-29　显示添加的页面模板

**专家提醒**

　　封面文章最多可添加 3 篇，而分类名文章最多可添加 30 篇。另外要注意的是，默认的"分类名"只有两个，运营者想要创建更多的分类，可在编辑分类名和添加文章时单击右侧的"添加"按钮。

## 2.1.6　原创声明功能：内容转载详情

　　在微信公众平台上，如果推送的是自己原创的文章，那么运营者应该在文章中声明原创，以便保护自身权益。那么，这一功能具体该怎么运用和操作呢？本小节将一步步地展示给读者。

**步骤 01**　登录微信公众平台后台首页，单击功能栏中的"原创声明功能"按钮，进入相应界面，在"原创文章"页面，有"原创文章管理"和"长期转载账号管理"两个选项，在此选择"原创文章管理"选项进入相应页面，在页面右侧的"操作"栏下方，可通过单击"分享与转载详情"按钮查看相关情况。在此，单击"可转载账号"按钮，如图 2-30 所示。

**图 2-30　单击"可转载账号"按钮**

**步骤 02**　执行操作后，进入相应文章的"转载账号管理"页面，如图 2-31 所示，该页面有"单篇可转载账号"和"长期可转载账号"两个选项。单击"长期可转载账号"右侧的"管理"按钮，与选择"原创文章"页面的"长期转载账号管理"选项后进入的页面相同。在此单击"单篇可转载账号"右侧的"添加"按钮。

**图 2-31　单击"添加"按钮**

**步骤 03**　弹出"添加转载账号"对话框，在"填写公众号"页面的右侧勾选公众号，单击"下一步"按钮，如图 2-32 所示。当然，如果页面右侧没有要转载的公众号，也可在左侧的搜索框中搜索并选择。

**步骤 04**　执行操作后，进入"设置该账号权限"页面，可以看到"可修改文章"和"可不显示转载来源"两项权限，勾选"可修改文章"权限，单击"确定"按钮，如图 2-33 所示。

**步骤 05**　执行操作后，返回文章的"转载账号管理"页面，显示了添加的可转载账号，如图 2-34 所示。

如果运营者想取消该账号的转载权限，可单击图 2-34 中的"移出"按钮，在弹出的页面中单击"移出"按钮，如图 2-35 所示。

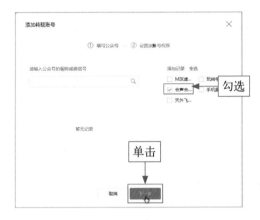

图 2-32　选择可转载的公众号

图 2-33　选择转载权限

图 2-34　显示可转载账号

图 2-35　移出可转载账号

## 2.2　消息管理：后台互动的集中场所

微信公众号后台的消息管理，可通过单击消息板块的"消息管理"按钮进入相应页面来进行设置，实现与用户互动。下面介绍有关后台消息管理的操作方法。

### 2.2.1　收藏和取消收藏：问一句"有用吗？"

在"消息管理"页面，有一个选项是"已收藏的消息"，选择该选项，就可查看收藏的消息，如图 2-36 所示。

图 2-36　显示收藏的消息

　　那么，当运营者决定对某一有用消息进行收藏时，应该怎么操作呢？具体方法是：进入"全部消息"页面，选择某一有用的消息，单击其右侧的"收藏消息"按钮★，如图 2-37 所示，即可完成消息的收藏。如果要取消收藏，再次单击★按钮即可。

图 2-37　单击"收藏消息"按钮

## 2.2.2　快捷回复：一键完成

　　在图 2-37 的"收藏消息"右侧还有一个按钮，那就是"快捷回复"←按钮，单击该按钮，即可显示回复文本框，如图 2-38 所示。在文本框中输入信息，单击"发送（Enter）"按钮，即可完成操作。

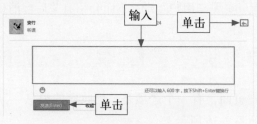

图 2-38　快捷回复消息操作

**专家提醒**

　　运营者要注意的是，"消息管理"页面最多只能储存5天信息，且能主动回复并发送信息给用户的只能是48小时内的信息，因此，运营者要注意及时查看信息并进行回复。

## 2.2.3　保存为素材和下载：获取内容来源

　　当用户发送的信息中有多媒体文件如图片时，就可对其进行"保存为素材"和"下载"操作，如图2-39所示。

**图2-39　图片的"保存为素材"□和"下载"□按钮**

　　单击"保存为素材"按钮，进入"填写素材名字"对话框，在输入框中填写素材名字，单击"确认"按钮，如图2-40所示，即可成功保存为素材。

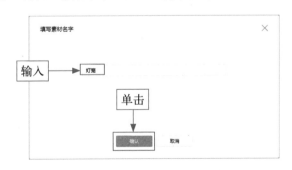

**图2-40　保存素材设置操作**

　　单击"下载"按钮，弹出"新建下载任务"对话框，在其中设置名称和保存位置，单击"下载"按钮即可完成下载，如图2-41所示。

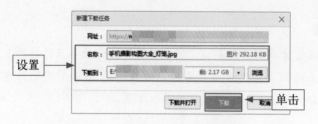

**图2-41  下载图片设置**

## 2.2.4  信息隐藏与屏蔽设置：选择性消息接收

前文的"专家提醒"栏中显示，"消息管理"页面显示的最多只能是5天内的消息。另外，运营者还可对信息显示进行设置，在"全部消息"页面有"隐藏关键词消息"和"屏蔽骚扰消息"两个复选框，对它们进行勾选，如图2-42所示。这样，平台能自动回复的关键词消息和一些骚扰消息将不会显示在"全部消息"页面中。

**图2-42  消息隐藏与屏蔽设置**

## 2.3  用户管理：后台的用户资料库

对用户进行高效管理是运营微信公众号中的一个重要内容，只有管理得好，才能更好地用好用户资料库。下面就介绍有关用户管理方面的具体操作。

## 2.3.1  新建用户标签：对用户进行有效分类

对运营者来说，用户与用户之间都是有相同点和不同点的，按照一定的方法进行分类，也就是给用户贴上标签，才能系统化地管理好用户。而要进行用户分类的操作，首先就要在微信公众平台后台新建用户标签，具体操作方法如下。

进入微信公众平台后台首页，单击"用户管理"按钮，在"已关注"页面的右侧单击"＋新建标签"按钮，在弹出的输入框中输入标签名称，单击"确定"按钮，如图 2-43 所示，即可完成一个用户标签的新建操作。

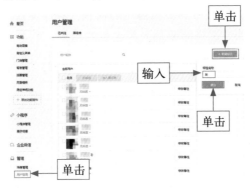

**图 2-43　新建用户标签的操作**

按照上述同样的方法，创建其他用户标签。

**专家提醒**

　　　　运营者还可删除标签，具体操作为：单击一个用户标签进入相应页面，单击"删除"按钮，再单击"确定"按钮即可完成操作。在"用户管理"页面，还可对标签名称重命名。

## 2.3.2　打标签：完成后台用户归属

　　创建用户标签新建后，接下来就是为所有关注的用户打上相应的标签，具体操作如下。

　　在"已关注"页面的"全部用户"区域，勾选所有要打上某一标签的用户，单击"打标签"按钮，在弹出的对话框中勾选用户标签，单击"确定"按钮，如图 2-44 所示，即可为用户打上标签，完成后台用户归属操作。

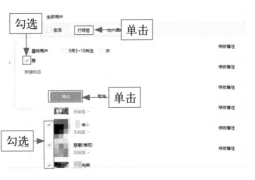

**图 2-44　为用户打标签**

### 2.3.3　加入黑名单和移出黑名单

如果用户在微信公众号中发表不文明的言论，运营者可以通过加入黑名单的方式，让该用户失去在公众号内发表言论的权利，具体操作如下。

在"已关注"页面，选择需要加入黑名单的用户，单击"加入黑名单"按钮，在弹出的对话框中单击"确定"按钮，如图 2-45 所示，即可完成把某些用户加入黑名单的操作。

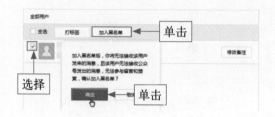

**图 2-45　加入黑名单操作**

有时运营者想把用户从黑名单里移出，操作也是非常简单的。

在"黑名单"页面选择要移出黑名单的用户，单击"移出黑名单"按钮，在弹出的页面中单击"确定"按钮，如图 2-46 所示，即可完成操作。

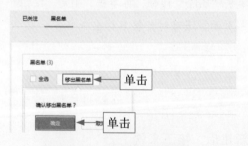

**图 2-46　移出黑名单操作**

## 2.4　素材管理：储备多多的有用内容

在微信公众平台后台的"素材管理"页面，包含图文消息、图片、语音和视频等素材内容。下面将介绍该页面的一些基本操作，希望能帮助读者熟练掌握各类素材的应用和设置。

## 2.4.1　图文消息管理：预览 + 编辑 + 展示

在图文消息管理中，新建图文消息是主要内容，这在第 3 章中将进行详细介绍，此处仅介绍管理图文消息的其他方面的内容。

### 1. 预览、编辑和删除

当运营者将鼠标指标移向某一图文消息时，如图 2-47 所示，就会在图文消息上显示"预览文章"字眼，单击即可进行预览；在下方则会显示"编辑"和"删除"图标，单击即可对其进行编辑和删除操作。

### 2. 展示方式

在"素材管理"页面的各个类型素材的展示页面，默认的展示方式是"卡片视图"，如图 2-48 所示；如果运营者想改变展示方式，还可以单击"列表视图"按钮选择该展示方式，如图 2-49 所示。

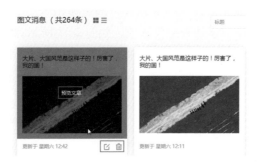

图 2-47　图文消息的预览、编辑和删除操作

图 2-48　"卡片视图"展示方式　　　图 2-49　"列表视图"展示方式

## 2.4.2　图片管理：利用分组有序管理

在素材管理中，"图片"的管理同样很重要。当然，图片的管理大体上与其他素材相似，在此主要介绍其不同于其他素材的设置方式。

**1. 上传**

这里的"上传"特指图片的上传，其操作非常简单。具体操作是：进入"图片"页面，在该页面的右侧单击"上传"按钮，弹出"打开"对话框，在其中选择图片，单击"打开"按钮，即可完成图片的上传。

**2. 分组**

在"图片"页面的上方，显示了一些分组信息，除此之外，在右侧还有一个"新建分组"按钮，单击该按钮，在弹出的页面中输入分组名称，单击"确定"按钮即可新建分组，如图2-50所示。

把鼠标指针移至显示图片上，会在图片右上方出现 图标，单击该图标，在弹出的下拉列表中选择"移动分组"选项，如图2-51所示。随后，弹出相应页面，单击相应分组名称，单击"确定"按钮，如图2-52所示，即可完成图片的分组操作。

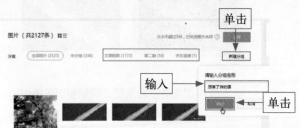

图 2-50　新建分组操作

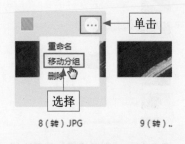

图 2-51　移动分组操作（1）

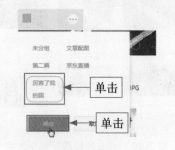

图 2-52　移动分组操作（2）

**专家提醒**

　　运营者还可以单击分组名称，跳转到相应页面，然后对分组进行重命名和删除操作，以及对其中的图片进行重命名、移动分组和删除操作。

## 2.4.3　语音管理：让内容更丰富

　　在"语音"素材管理页面的"操作"栏下方，每一个语音素材的右侧，均有相应的"下载""编辑"和"删除"按钮。在此以编辑语音为例介绍语音素材的管理，具体操作如下。

　　单击"编辑"按钮弹出"编辑语音"对话框，在该对话框中可设置语音素材的"标题"和"分类"，如图2-53所示。

图2-53　"编辑语音"对话框

**专家提醒**

　　在"语音"素材管理页面，还可以单击右侧的"添加"按钮添加素材，其设置与编辑语音相似，不同的是，新建语音需要上传语音素材。

## 2.4.4　视频管理：详细告知添加操作

　　"视频"素材管理页面与"语音"素材管理相比，不同的操作设置就是少了

"下载"按钮，而对现有视频素材的编辑和添加新的视频素材的页面相似，因此，在此以添加视频素材为例进行介绍。

单击"视频"页面右侧的"添加"按钮，跳转到"添加视频"页面，然后单击"上传视频"按钮上传视频；上传完成后，接着设置视频的"标题""分类""标签"和"介绍语"，勾选"开启留言"复选框，选择留言方式；设置完成后，勾选下方的"我已阅读并同意《腾讯视频上传服务规则》"复选项，单击"保存"按钮，如图 2-54 所示，即可完成视频素材的添加。

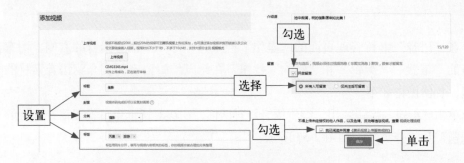

图 2-54 "添加视频"对话框

**专家提醒**

"添加视频"对话框中的视频素材封面，需要在视频转码完成后才可以设置。

# 2.5 推广管理：宣传、获利都可以实现

推广管理板块有"广告主"和"流量主"两大功能，它们是借助平台进行广告推广和以推广广告获利的方式。本节将对推广管理的相关内容进行简要介绍。

## 2.5.1 公众号广告：注意投放位置

公众号广告是目前一种主要的广告方式，同时也是"广告主"功能中推出的一种广告形式。进入"广告主"页面并切换到"公众号广告"页面下，可以查看

公众号广告数据报表，还可以进行投放管理。公众号投放管理的基本操作如下。

单击"新建广告"按钮，弹出"创建广告"对话框，在该对话框中选择一种推广目标，并设置"广告位置"，单击"确定"按钮，如图 2-55 所示，即可完成公众号广告的推广操作。

**图 2-55　公众号"创建广告"对话框**

## 2.5.2　朋友圈广告：匹配推广目标

在"朋友圈广告"页面，运营者也可通过单击"创建广告"按钮创建广告，只是在进入朋友圈广告的"创建广告"对话框时会发现，无须设置"广告位置"，而其"推广目标"也与公众号广告略有不同，如图 2-56 所示。

**图 2-56　朋友圈"创建广告"页面**

## 2.5.3　流量主页面管理：计算推广收益

在"流量主"页面，有"报表统计""流量管理""财务管理"和"公告消息"
四个选项。其中，"报表统计"是对那些与计算推广收益相关的各项数据进行的统计，
"财务管理"是对流量主广告收入的结算，"公告消息"是指收到的与流量主相
关的运营消息。

**专家提醒**

运营者此时要注意的是，选择"公告消息"选项后，选项会发生
变化，少了"流量管理"这一选项，而多了"互选公告"和"账户管理"
两个选项。

关于"流量管理"这一选项，在此将进行重点介绍。单击"流量管理"按钮，
如图 2-57 所示，运营者不仅可以对底部广告的状态进行设置，还可以单击"广告
主黑名单"区域下方的"＋"按钮添加广告主黑名单。列入黑名单中的微信公众号
广告将被自动屏蔽。

**图 2-57　"流量管理"页面**

# 第 3 章
## 后台排版：自产自"发"，方便快捷

在运营微信公众平台的过程中，需要编写文章和排版。运营者可以选择在微信后台进行文章的编辑与排版，因此需要掌握最基本的微信后台编辑、排版的操作流程。而通过阅读本章，读者可以清楚地了解其中的详情。

 要点展示

◆ 创建新图文消息：开启后台排版模式
◆ 设置文字格式：9种设置，你要常用
◆ 插入多媒体素材：除了文字还有它们
◆ 开启多项功能：辅助图文更好推广
◆ 其他图文排版要点：顺利完成操作

# 3.1　创建新图文消息：开启后台排版模式

在运营微信公众号的过程中，运营者要想编辑一篇文章，首先应该创建图文消息。运营者可以按照自己的喜好进行图文创建，创建的图文可以是单图文，也可以是多图文。下面介绍在微信公众号后台创建图文消息的方法。

**步骤 01**　进入微信公众平台后台，然后在后台的"管理"功能栏中，单击"素材管理"按钮，进入"素材管理"页面。该页面显示了运营者可以看见的"图文消息""图片""语音"和"视频"4个选项，以及已有的图文消息。在"图文消息"页面中，单击最右边的"新建图文素材"按钮，如图3-1所示。

图 3-1　"素材管理"页面

**专家提醒**

　　在微信公从号后台的"新建图文素材"页面中，填写文章标题及作者名称这两栏时要注意，它们的格式是固定的，运营者不能随意调整字体大小和颜色。

**步骤 02**　执行操作后，即可进入"素材库/新建图文消息"页面，如图3-2所示。之后，运营者就可以在该页面编辑文章了。

在该页面的编辑区域的上方，显示了"请在这里输入标题""请输入作者"和"从这里开始写正文"字样，根据提示，在相应位置输入文章标题、作者名称和文章正文。

在编辑文章正文时，其格式是可以根据自身喜好和内容需要进行调整的。笔者在这里展示一篇编辑好的图文消息的部分内容，如图 3-3 所示。

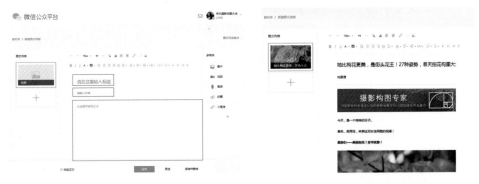

图 3-2　"素材库 / 新建图文消息"页面　　图 3-3　编辑好的文章标题、
作者名称和正文示例

编辑完成后，单击页面下方的按钮进行相应操作，具体如下。

● 单击"保存"按钮可保存编辑好的新建图文消息。

● 单击"预览"按钮可预览新建图文消息，并检查错漏之处。

● 单击"保存并群发"按钮可完成新建图文消息的发送。

## 3.2　设置文字格式：9 种设置，你要常用

运营者在微信公众号后台编辑图文时，可以设置图文的字体格式，让字体更加美观、有特色。字体格式设置涉及的主要内容包括字号大小、文字是否加粗、文字是否倾斜和字体颜色等操作。接下来，我们将为大家介绍设置文字格式的操作过程。

### 3.2.1　字号：合适，才能更好显示

文字字号有大小之别，运营者可以根据需要设置合适的字号。那么，图文消息中的文字字号是怎样进行设置的？什么样的字号才是合适的？接下来，我们将针对这些问题进行详细介绍。

首先来说设置字号大小的操作。

步骤 01 进入后台的"素材库/新建图文消息"页面，在编辑好的图文消息中选中要设置字体格式的文字，如图3-4所示。然后单击上方"字号"右侧的下三角按钮，可以看见7种字号大小的选项。微信公众号后台图文信息的字号大小默认为16px，在这里将字号设置为14px，如图3-5所示。

图 3-4 选中要设置字体格式的文字    图 3-5 选择 14px 选项

步骤 02 执行操作后，选中的文字大小就会变成14px的，其效果展示如图3-6所示。

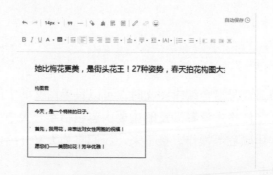

图 3-6 将字号设置为 14px 的效果展示

给文章的内容选择合适的字体大小，也是微信公众号排版工作中需要考虑的一个事项。合适的字体大小可以让读者在阅读文章的时候不用将手机拿得太近或太远，而且合适的字体大小能让版面看起来更和谐。

上面已经提及，微信公众平台提供了7种不同大小的字体设置选项，而考虑读者视觉的观感问题，14px、16px、18px和20px这几种字号的文字看起来会比较舒服，因此在设置文字字体大小时，可以在这几种字号中进行选择。

## 3.2.2 加粗：突出，才能更加引人注目

运营者设置好字号大小之后，还可以考虑字体是否加粗。笔者在这里将以上一例中的部分文字为例，为大家介绍将字体加粗的具体操作方法。

选中文字，然后单击上方的"加粗"按钮，如图 3-7 所示。加粗后的文字效果展示如图 3-8 所示。

图 3-7 选中文字并单击"加粗"按钮

图 3-8 字体设置加粗后的效果展示

## 3.2.3 斜体：说明，再小也能注意到

设置字体加粗后，运营者还可以把文字设置成斜体。在这里将为大家介绍将一段文字设置成斜体的操作方法。

同样是要选中文字，然后单击上方的"斜体"按钮，如图 3-9 所示。然后，该段文字的字体就变成了斜体，效果如图 3-10 所示。

图 3-9 选中文字并单击"斜体"按钮

图 3-10 字体设置成斜体后的效果展示

## 3.2.4 字体颜色：和谐，才是目的

如果有需要的话，运营者还可以为文字设置颜色。在这里将以图 3-9 中的部分文字为例，为大家介绍设置字体颜色的操作方法。

步骤 01 选中文字，如图 3-11 所示，然后单击上方的"字体颜色"按钮中的倒三角按钮，选择 #ff4c41 颜色色块，如图 3-12 所示。

图 3-11 选中文字

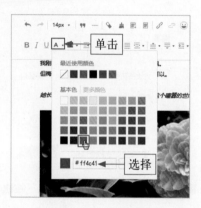

图 3-12 选择颜色

**专家提醒**

在"字体颜色"下拉列表中，可以用不同的方法选择文字颜色，具体如下。

（1）运营者在微信公众号上编辑图文消息是一种经常性的工作，会用到一些颜色，因而在上方有"最近使用颜色"区域，可以从中选择。

（2）在"基本色"区域，提供了 45 种颜色。另外，基本色旁边还有"更多颜色"按钮，单击该按钮，可切换到"更多颜色"页面进行选择。

（3）在下方的文本框中，输入颜色的相应参数，可准确地设置任意颜色。

步骤 02 执行操作后，这个颜色便会运用到选中的文字上，效果如图 3-13 所示。

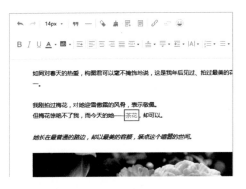

图 3-13　为字体设置颜色效果展示

**专家提醒**

上面提及的"#ff4c41"颜色色块，其实就是 RGB 表示法，只是这里采用的是十六进制颜色表示法，前二位(ff)表示红色，中间二位(4c)表示绿色，最后二位（41）表示蓝色。

## 3.2.5　间距样式：不要靠得太紧

在文字排版时，把握文字间距很重要，尤其是对于用手机浏览文章的微信用户来说。文字间距要适宜，主要指的是文字 3 个方面的距离要适宜，即字符间距、行间距和段间距。这 3 种文字间距的具体分析如下。

### 1．设置字符间距

字符间距指的是横向间的字与字的间距，字符间距宽与窄会影响读者的阅读感受，也会影响整篇文章篇幅的长短。

在微信公众号的后台，并没有可以调节字符间距的功能，所以运营者如果想要对公众平台上的文字设置字符间距，可以先在其他的编辑软件上编辑好，然后再复制和粘贴到微信公众平台的文章编辑栏中。

在这里以 Word 为例，来为大家讲文字的字符间距。Word 中的字符间距的标准有三种，分别是标准、加宽、紧缩。而这三种距离还可以根据个人的喜好进行调整。同样字数的一段话，如果字符间距宽，那么它所占的行数就会多，相反则会少。

**2．设置行间距**

行间距指的是文字行与行之间的距离，行间距的大小决定了每行文字纵向间的距离。行间距的宽窄也会影响文章的篇幅长短。在微信公众号后台，设有行间距调节功能，其中可供选择的行间距有7种，具体如图3-14所示。

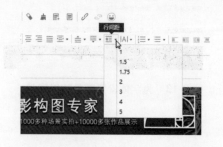

图3-14　微信公众平台后台的行间距选项

基于读者的阅读体验，一般会将行间距设置为1.5、1.75和2，其视觉体验会较好。

**3．设置段间距**

文字的段间距指的是段与段之间的距离，段间距的多少也同样决定了每行文字纵向间的距离。在微信公众号后台，图文消息的段间距设置分为段前距与段后距两种，其中可供选择的段间距均为5种，如图3-15所示。

图3-15　微信公众平台的段前距与段后距功能

微信公众平台的运营者可以根据自己平台读者的喜好选择合适的段间距。而要弄清楚读者喜好的段间距风格，可以采用给读者提供几种不同间距的文章让读者进行投票的方式得到。

## 3.2.6  背景色：让页面更多彩

微信公众号后台默认的背景色是白色，如果运营者想要为图文信息或其中的某一部分添加背景色，可以通过"背景色"功能来设置，其操作方法与设置字体颜色的方法类似。

选中内容，然后单击上方的"字体颜色"的倒三角按钮，就可以看见多种颜色。在此，选择 #d6d6d6 颜色色块，如图 3-16 所示。之后，这个颜色便会运用到选中的内容上，效果如图 3-17 所示。

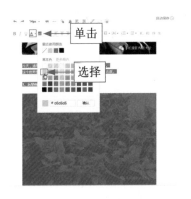

图 3-16　选中内容并单击相应的颜色色块

图 3-17　为图文内容设置背景色效果

**专家提醒**

从图 3-17 中可以看出，在微信公众号上设置背景色，其效果只会显示在有图文内容的部分，其他空白区域不会显示。如果想要为整个版面添加底纹，可以先在 Word 文档或其他编辑器中为内容添加底纹，然后再同步到微信公众号后台。

## 3.2.7  首行缩进：段落更鲜明

在图文排版中，设置首行缩进，可以让读者更清晰地感受文章的段落。而微信公众号后台设有首行缩进的功能，如图 3-18、图 3-19 所示。

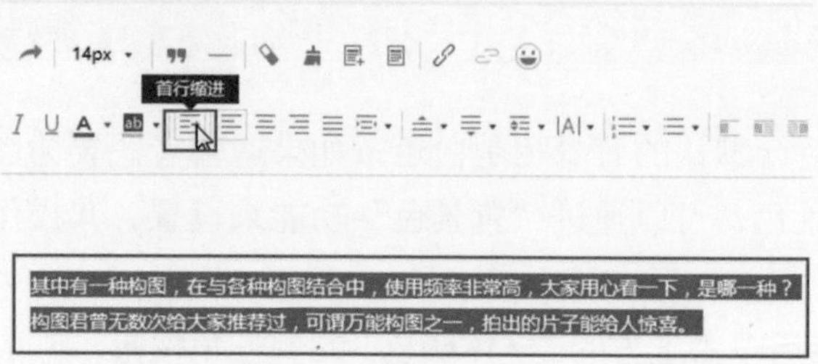

图 3-18　首先缩进功能

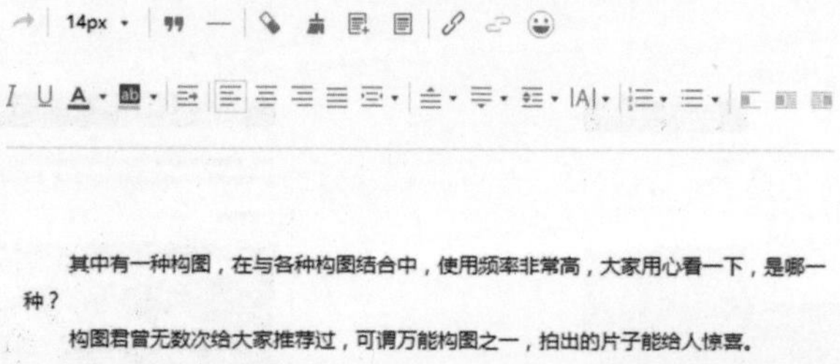

图 3-19　首行缩进功能效果展示

　　然而在运营过程中有时会发现，运营者虽然设置了首行缩进，但是显示在手机上却是左对齐，这不免让人觉得很奇怪。

　　其实这个问题是很容易解决的，运营者只要将在 Word 中编辑好的文本内容先"清除格式"，之后再设置"首行缩进"，这样就不会出现已经进行过首行缩进设置而在手机上显示的依然是左对齐的情况了。

## 3.2.8　插入超链接：提供更多的内容

　　运营者在编辑图文消息的过程中，有时会提及前面已经推送的内容，从读者的角度来看，这样做能够让读者更便捷地了解更多的内容；从企业和商家的角度来看，这样做有利于消息的推广。这时，就需要插入超链接，以便读者直接点击阅读。那么，插入超链接是如何设置的呢？下面将介绍具体的操作方法。

　　**步骤　01**　选中要设置超链接的内容，单击"超链接"按钮，如图 3-20 所示。随后弹出"编辑超链接"对话框，显示了输入超链接的两种方式，即"输入地址"和"查找文章"。如果选择"输入地址"，则只要在下方的"链接网址"右侧的文本框中输入具体网址即可。在此选择"查找文章"来进行操作。勾选"查找文章"单选按钮，切换到相应页面，单击"从本公众号已群发的消息中进行选择"按钮，如图3-21所示。

图 3-19　选择内容并单击"超链接"按钮　　　图 3-20　通过"查找文章"方式输入链接

步骤 02　执行操作后，进入相应页面，在当页如果有与链接内容相符合的文章标题，则可直接选中，然后单击"确定"按钮，如图3-22所示，即可完成插入超链接的操作。如果没有与链接内容相符合的文章标题，也可通过在"公众号文章"右侧的文本框中输入相关的链接内容进行搜索，或是通过下方的翻页来查找文章。

插入超链接设置完成后，其效果显示如图3-23所示。

图 3-22　选中链接的文章　　　　　　　图 3-23　插入超链接效果

## 3.2.9　分隔线：有区隔，才不会看错

在微信公众号后台对图文内容进行排版时，运营者可以利用分割线把一些内

容区分开，这样，当文字内容较多的时候，才不会看错，且能很好地提升读者的
阅读体验。下面介绍添加分割线的操作方法。

移动鼠标，定位至段与段之间的空白位置，然后单击"分隔线"按钮，如图3-24
所示。随后便可在鼠标指针所在行的上方插入一根分隔线，如图3-25所示。

图 3-24　定位鼠标并单击"分隔线"按钮　　　图 3-25　添加分隔线效果

**专家提醒**

微信公众号后台的新建图文编辑中的"分隔线"，其功能与秀米
编辑器中的"分割线"相似，只是后者的种类和样式更多，而前者只
有一种形式可供运用。

# 3.3　插入多媒体素材：除了文字还有它们

微信公众号后台的"素材库／新建图文消息"页面右侧的"多媒体"区域，
提供了5种多媒体文件的排版入口。本节介绍在新建图文信息中插入多媒体素材
的操作方法。

## 3.3.1　图片视觉素材

运营者在编辑图文消息的时候，可以选择编辑纯文字的内容，也可以选择在
文章中插入图片素材。

**步骤 01**　在编辑正文时，如果运营者想要在文章中插入图片，那么就需要定位插入图片的位置，然后单击"多媒体"栏目下的"图片"按钮，如图3-26所示。

图 3-26　定位鼠标并单击"图片"按钮

**步骤 02**　执行操作后，即会弹出"选择图片"对话框，如图3-27所示。在选择图片的时候，可以在素材库中挑选，也可选择本地上传，运营者应该根据自己的实际情况进行操作。在这里，笔者选择从素材库中挑选图片。挑选好想要的图片后，选择该图片，然后单击页面下方的"确定"按钮，即可完成插入图片素材的操作。

**步骤 03**　执行操作后，即可返回到"素材库 / 新建图文消息"页面，运营者在该页面可以看见刚才插入的图片，其效果展示如图3-28所示。

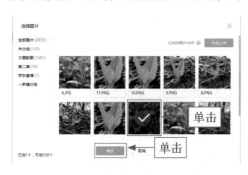

图 3-27　"选择图片"对话框

图 3-28　插入图片素材后的效果

**专家提醒**

　　运营者可以选择在文章中插入单张图片，也可以选择插入多张图片，可以选择连续插入多张图片，也可以选择分开插入多张图片。

## 3.3.2　视频视听素材

运营者除了可以在文章中插入图片素材之外，还可选择插入视频素材，这样能够使得文章更生动。

**步骤 01**　在微信公众号后台的"素材库/新建图文消息"页面，单击"多媒体"栏目下的"视频"按钮，如图3-29所示。随后，弹出"选择视频"对话框，在"素材库"页面中选择要插入的视频素材，单击"确定"按钮，如图3-30所示，即可在文章中插入选择的视频素材。

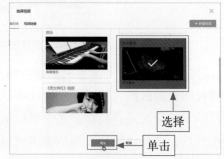

图 3-29　定位鼠标并单击"视频"按钮　　　图 3-30　"选择视频"对话框

**步骤 02**　执行步骤01操作后，即可返回到"素材库/新建图文消息"页面。在该页面，运营者可以看见新插入的视频素材，其效果展示如图3-31所示。

图 3-31　文章中插入视频素材后的效果展示

**专家提醒**

　　"选择视频"对话框中含有"素材库"和"视频链接"两个选项，如果运营者的素材库中已有要上传的视频素材，那么就可以选中该视频素材插入到文章中；如果后台没有收藏视频素材但是有已上传到网上的其他视频，则可以选择"视频链接"选项进入相应页面，在"视频/图文地址"右侧的文本框中输入网址即可；如果以上两者都没有，则可以单击页面右上角的"新建视频"按钮添加新的视频。

## 3.3.3　声音听觉素材

　　运营者如果想发表一篇有声音的文章，那么可以插入音频素材，具体方法如下。

　　**步骤 01**　　进入"素材库/新建图文消息"页面，单击"多媒体"栏目下的"音频"按钮，如图3-32所示。随后弹出"选择音频"对话框。运营者可以在"音乐"页面的搜索框中输入想要插入的音频的名称（如"茶花"）进行搜索，在搜索结果中选中音乐，单击"确定"按钮，如图3-33所示，即可在文章中插入音频素材。

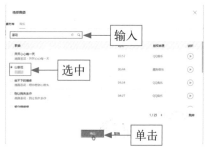

图3-32　定位鼠标并单击"音频"按钮　　　　图3-33　"选择音频"对话框

　　**步骤 02**　　执行操作后，即可返回到"素材库/新建图文消息"页面，在该页面编辑的文章中，可以看见刚才插入的音频素材，其效果展示如图3-34所示。

**专家提醒**

　　在"选择音频"对话框中，除了"音乐"选项外，还可以通过"素材库"选项中的"添加语音"按钮来添加音频素材。

图 3-34　文章中插入音乐素材后的效果展示

### 3.3.4　投票活动素材

运营者如果想要增加与读者之间的互动，那么就可以选择在图文中发起投票活动。接下来，将为大家介绍在图文中发起投票活动的具体操作。

步骤 01　在"素材库／新建图文消息"页面定位插入投票活动的位置，然后单击"多媒体"栏目下的"投票"按钮，如图 3-35 所示。在弹出的"发起投票"对话框中，选中投票内容，单击"确定"按钮，如图 3-36 所示。

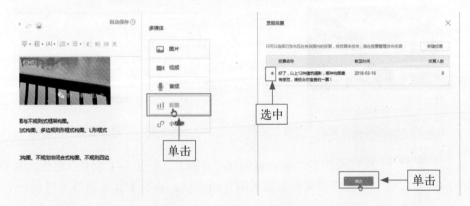

图 3-35　单击"投票"按钮　　　　图 3-36　"发起投票"对话框

步骤 02　执行操作后，返回"素材库／新建图文消息"页面。在该页面，运营者可以看见设置好的投票活动，效果如图 3-37 所示。

不规则框式构图，也分为4种：不规则多边形框式构图、不规划非闭合式构图、不规则四边形框式构图、不规则象形框式构图。

1.好了，以上12种建筑摄影，哪种构图最有感觉，请投出你宝贵的一票！

○ 1、中心式构图
○ 2、仰拍构图
○ 3、斜线构图
○ 4、透视构图
○ 5、对称构图
○ 6、三分线构图
○ 7、九宫格构图
○ 8、前景构图
○ 9、创写构图
○ 10、特写构图
○ 11、逆光构图
○ 12、框图构图

🎙 音频

📊 投票

♪ 小程序

**图 3-37　图文中发起投票活动后的效果展示**

## 3.3.5　小程序服务素材

微信作为小程序的一个重要入口，在其后台进行图文排版时可以插入小程序服务素材，具体操作方法如下。

**步骤 01**　进入微信公众平台的"素材库/新建图文消息"页面，定位插入的位置，单击"小程序"按钮，如图 3-38 所示。弹出"选择小程序"对话框，选择已关联的小程序，并单击下方的"下一步"按钮，如图 3-39 所示。

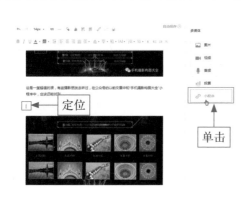

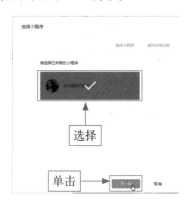

**图 3-38　单击"小程序"按钮**　　　**图 3-39　"选择小程序"对话框**

**步骤 02**　完成操作后，切换至"填写详细信息"页面，选择展示方式为"文字"，填写文字内容，并单击下方的"确定"按钮，如图 3-40 所示。随后返回"素材库/新建图文消息"页面，图文消息中会显示文字链接，效果如图 3-41 所示。

图 3-40 "填写详细信息"界面

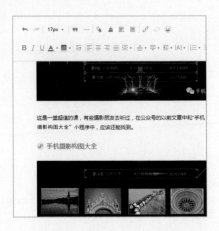

图 3-41 显示小程序文字链接

# 3.4 开启多项功能：辅助图文更好推广

微信公众号图文的编辑页面，除了含有文字格式的设置和添加多媒体素材的功能外，还含有多种功能辅助公众号运营和推广，如原文链接、留言功能和声明原创功能等。

## 3.4.1 原文链接：提供完整体验

如果微信公众号文章是从其他平台上转载或从某一本书中摘录的，运营者想要告诉读者这篇文章的出处，那么在推送这篇文章之前，就可以在图文中添加原文链接。接下来，为大家介绍怎样在文章中添加原文链接。

进入"素材库/新建图文消息"页面，在该页面下方有一个"原文链接"按钮，单击"原文链接"按钮，即可勾选"原文链接"选项，并且下方会出现相对应的输入框，在该输入框中输入该篇文章的原出处网址，如图 3-42 所示。

当该篇文章推送出去之后，文章末尾处会有一个"阅读原文"字样，读者只要点击"阅读原文"，即可跳转到输入的网址页面。

图 3-42　单击"原文链接"按钮

## 3.4.2　留言功能：实现交流互动

运营者如果想要与读者产生互动，那么可以在文章末尾处开启留言功能，满足读者留言的愿望，从而达到与读者进行互动的目的。接下来笔者将为大家介绍怎样在微信公众平台的图文编辑页面开启文章的留言功能。

进入"素材库/新建图文消息"页面，勾选"留言"复选框，会出现"所有人可留言"和"仅关注后可留言"两个选项，运营者可以根据自己的想法选中这两个选项中的一个。在这里勾选"所有人可留言"勾选，如图 3-43 所示。当文章推出后，读者即可给平台留言。

图 3-43　勾选"所有人可留言"单选按钮

### 3.4.3　声明原创：提升内容品质

　　如果运营者要推送的一篇文章是自己原创的，那么就可以开启原创声明功能。
接下来笔者将为大家介绍开启一篇文章的原创声明功能的具体操作。

　　**步骤 01**　　进入"素材库／新建图文消息"页面，在页面下方会有"原创：
未声明"字样，表示该篇文章还未声明原创，单击下方的"声明原创"按钮，如图3-44
所示。随后弹出"声明原创"对话框，在"须知"页面，仔细阅读"文章原创声
明须知"的具体内容，然后单击"下一步"按钮，如图3-45所示。

图 3-44　单击"声明原创"按钮

图 3-45　单击"下一步"按钮

　　**步骤 02**　　执行操作后，进入"原创声明信息"页面，填写作者名称，选
择文章类别，单击"确定"按钮，如图3-46所示。随后即可返回到"素材库／新
建图文消息"页面，运营者可以在该页面下方看见"原创详情"信息，如图3-47
所示。

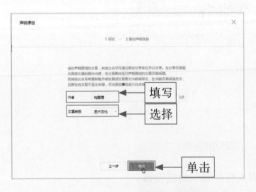

图 3-46　单击"确定"按钮

图 3-47　"原创详情"信息

# 3.5　其他图文排版要点：顺利完成操作

在微信公众号的"素材库/新建图文消息"页面，为了更顺利地完成图文编辑排版，运营者还需要注意一些要点，如设置封面图片、设置内容摘要和群发等。本节将进行具体介绍。

## 3.5.1　封面设置：从正文选择

运营者在推送一篇图文消息之前，还需要设置该篇图文消息的封面。接下来，将为大家介绍设置图文消息封面的相关操作。

**步骤 01**　进入"素材库/新建图文消息"页面，在该页面下方会有一个"封面"选项，在该选项下有"从正文选择"和"从图片库选择"两个按钮。在这里单击"从正文选择"按钮，如图3-48所示。随后弹出"选择封面"对话框，在"从正文选择封面"页面中根据要求选择一张图片，单击"下一步"按钮，如图3-49所示。

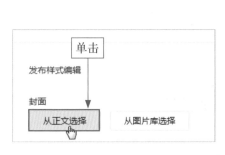

图3-48　单击"从正文选择"按钮

图3-49　选择封面图片

**步骤 02**　执行操作后，切换到"裁切封面"页面，在该页面的"封面展示区域"下方对图片进行裁切，单击"完成"按钮，如图3-50所示。返回到"素材库/新建图文消息"页面，在该页面可以看见设置好的图文封面，效果如图3-51所示。

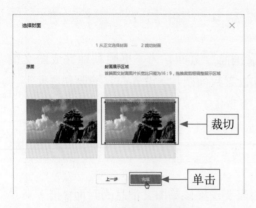

图 3-50 裁切封面图片

图 3-51 设置图文封面效果

## 3.5.2 设置内容摘要：直接呈现

进入"素材库/新建图文消息"页面，在该页面的最下面，有一个"摘要"选项。在发布图文消息之后，"摘要"下方文本框中输入的内容会直接出现在推送信息中，如图 3-52 所示。

图 3-52 摘要内容

简洁明了是摘要设置的第一要义。基于这一点，设置一个好的摘要内容，不仅能够激发用户对文章的兴趣，还能够激发读者第二次点击阅读的兴趣。

**专家提醒**

在编辑文章内容时，如果没有填写摘要，那么系统就会默认抓取内容的前 54 个字作为文章的摘要。

## 3.5.3　保存并群发给所有粉丝

运营者在编辑完图文消息之后，可以将编辑的图文发送给平台的粉丝。接下来将为大家介绍将图文消息推送给平台所有粉丝的操作过程。

进入"素材库/新建图文消息"页面，单击该页面下方的"保存并群发"按钮，如图 3-53 所示。进入"首页/新建群发消息"页面，在该页面上将"群发对象""性别"和"群发地区"三个选项分别设置为"全部用户""全部"和"国家"，然后单击该页面下方的"群发"按钮，如图 3-54 所示，即可将图文消息推送给平台的所有粉丝。

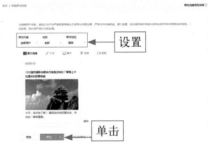

图 3-53　单击"保存并群发"按钮　　　　图 3-54　"群发功能"页面

## 3.5.4　保存并群发给指定粉丝

如果运营者只想把图文消息发送给平台指定的粉丝，那么就可以在群发时按要求进行相关的条件设置，以达到将图文消息群发给指定粉丝的目的。接下来就将为大家介绍这一操作的具体过程。

"保存并群发给指定粉丝"操作与"保存并群发给所有粉丝"操作类似，区别就在于"首页/新建群发消息"页面的"群发对象""性别""群发地区"三

个选项的设置。将其设置为图 3-55 所示的样式，然后单击"群发"按钮，即可将
图文消息推送给星标用户中的女性粉丝。

图 3-55　按"星标用户中的女性粉丝"指定条件进行相关设置

# 第4章
## 软件排版：第三方插件，快速套用

微信公众号的文章，除了可以利用其后台本身的功能进行排版外，还可以借助排版软件来完成，如秀米编辑器、i排版等，且在应用的过程中，可以利用软件中的众多模板和功能快速打造高质量的丰富多彩的图文效果。

### 要点展示

◆ 关联公众号：实现平台与平台间的连接

◆ 图文排版：打造满意的公众号内容

◆ 模板应用：借助平台优势资源

# 4.1　关联公众号：实现平台与平台间的连接

在利用第三方插件对要推送的图文信息进行排版的过程中，运营人员是怎样实现第三方插件与微信公众号之间的关联的呢？本节将以秀米编辑器为例，就这一问题的解决方法和操作流程进行详细介绍。

## 4.1.1　绑定微信公众号，开启图文同步

运营者可以在秀米编辑器中绑定微信公众号，这样就可以将编辑完的图文消息同步到微信公众平台上，从而能够节省推送图文消息的时间。接下来就将为大家介绍这个过程的详细步骤。

步骤 01　运营者需要登录秀米编辑器，单击秀米编辑器首页的"我的秀米"按钮，如图4-1所示。

**图4-1　单击"我的秀米"按钮**

步骤 02　进入"我的秀米"页面，单击该页面上的"同步多图文到公众号"按钮，如图4-2所示。

步骤 03　进入"公从号同步"页面，单击该页面上的"授权公众号"按钮，如图4-3所示。

步骤 04　在弹出的"微信公众号登录"页面，运营者需要单击"微信公众号授权登录"按钮，如图4-4所示。

步骤 05　进入"微信公众账号授权"页面，如图4-5所示，运营者需要用公众号绑定的个人微信号扫描该页面上的二维码，然后在手机"授权确认"界面上点击"授权"按钮，即可完成在秀米编辑器中绑定微信公众号的操作。

图 4-2 单击"同步多图文到公众号"按钮

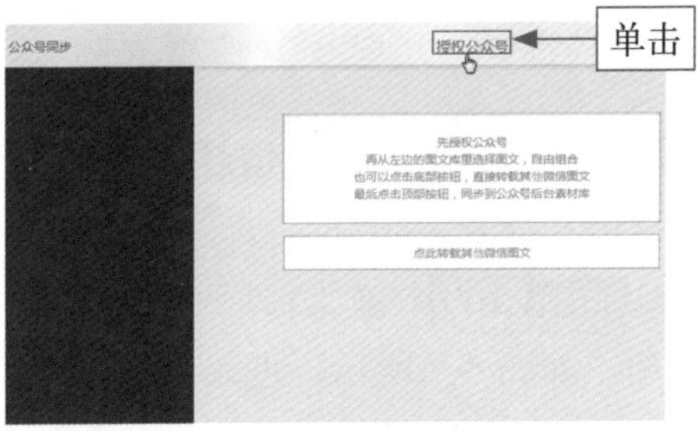

图 4-3 单击"授权公众号"按钮

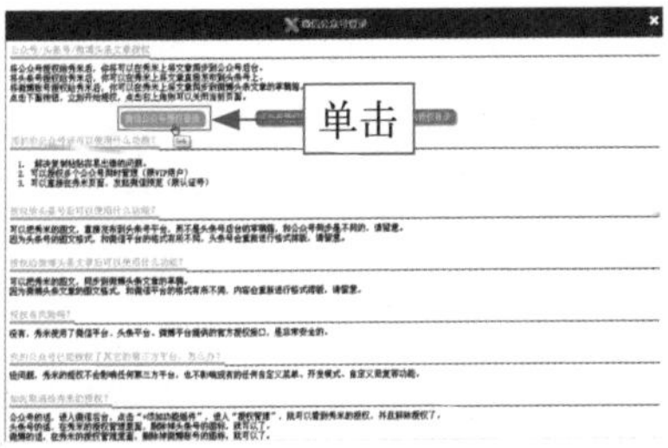

图 4-4 单击"微信公众号授权登录"按钮　　　图 4-5 "微信公众号授权"页面

## 4.1.2 加大宣传，添加公众号名片信息

当编辑完一篇文章之后，运营者可以在图文消息的结尾处添加公众号的名片信息，也就是添加自己微信公众号的二维码，这样可以引导那些没有关注自己公众号的读者前往关注。接下来将为大家介绍怎样在图文消息的结尾处添加公众号名片信息。

运营者可以在图文消息末尾处加上引导性话语，然后按照插入图片的方法，放上公众号的二维码，如图 4-6 所示。

图 4-6 在图文消息结尾处添加公众号名片信息示例

## 4.1.3　将图文消息同步到绑定的公众号

运营者编辑完图文信息，并且进行预览无误后，便可将图文消息同步到绑定的微信公众号。

**步骤　01**　单击顶部的 ◎ 按钮，在弹出的下拉菜单中选择"同步到公众号"选项，如图4-7所示。进入"同步到公众号"页面，在页面左侧单击要同步的图文消息。随后，该图文信息会在页面中显示出来，如图4-8所示。

**步骤　02**　移动鼠标指针至页面上方的"同步到公众号"按钮上，在弹出的页面中，勾选要同步的公众号，单击"开始同步"按钮，如图4-9所示；随后出现相应的进度条，如图4-10所示；当进度条显示100%时，即意味着图文消息同步到公众号。

图4-7　选择"同步到公众号"按钮

图4-8　选择要同步的图文信息

图4-9　单击"开始同步"按钮

图4-10　显示同步图文消息操作的进度条

## 4.2　图文排版：打造满意的公众号内容

运营者在进行公众号图文排版时，可以利用第三方插件来完成，这样做有着巨大的优势。那么，这样的图文内容是怎样编辑制作的呢？本节以秀米编辑器为例进行介绍。

## 4.2.1　添加新的图文——模式开启

由于微信公众平台后台的文章编辑功能有限，所以运营者如果想要让自己的图文消息更具特色，还可以在秀米编辑器中制作图文消息。接下来将为大家介绍在秀米编辑器中制作图文消息的具体操作步骤。

登录秀米账户在其首页单击"我的秀米"按钮，进入"我的图文"页面，单击该页面上的"添加新的图文"按钮，如图4-11所示，即可进入相应页面进行图文编辑了。

图4-11　单击"添加新的图文"按钮

## 4.2.2　编辑图文消息——正式排版

新建图文后，接下来就是进行正式排版了。下面将介绍对图文消息进行排版的操作方法。

**步骤 01**　添加新的图文后，进入"图文模板"页面，单击"我的图库"按钮，跳转到相应页面，单击图文编辑区域的封面位置，会出现相应提示——"点击图库换图，按 Delete 键删除图片，图片不小于 300×300"，如图4-12所示。

**步骤 02**　在图库中选中一张图片作为推送消息的封面，同时，输入图文标题，然后单击"图文模板"按钮进入相应页面，在该页面选择模板并单击"输入标题"按钮，如图4-13所示。

**步骤 03**　执行操作后，在相应的编辑位置输入标题，然后单击"我

图4-12　进入相应的"图文模板"页面

的图库"按钮，进入相应页面，进行图片和文字的编辑，如图 4-14 所示。当把所有内容都编辑好后，对图文进行保存和预览，即可完成图文编辑。

图 4-13　上传封面　　　　　　　　　图 4-14　输入标题

## 4.2.3　导入图片——引入更多内容

前文提及了图片和文字的编辑，但是没有进行详细的介绍，读者可能会问：如何在编辑的图文消息中插入图片，使图文消息的内容看起来更加丰富？接下来将为大家介绍怎样在图文消息中插入图片。

步骤 01　　在秀米编辑器的"图文模板"页面上，单击该页面中的"单图""多图"或"背景图"按钮，在此单击"多图"按钮，在该页面的左侧会出现各种图片模板，如图 4-15 所示。

图 4-15　图片模板

步骤 02 运营者可以先单击要添加图片的地方，然后在图片模板中选中自己想要的图片，该图片就可以插入到图文消息中。选择了一张图片，将其插入图文消息中，其最终效果如图 4-16 所示。

**图 4-16　图文中插入图片后效果展示**

如果运营者不喜欢秀米编辑器提供的图片，或是觉得秀米编辑器中提供的图片不够丰富，抑或不符合自己的要求，那么可以选择自己上传图片，然后插入到图文中。下面详细介绍上传图片的方法。

步骤 01 进入"我的图库"页面，在出现的"未标签图片"页面上单击"上传图片（可多选）"按钮，如图 4-17 所示。

**图 4-17　单击"上传图片（可多选）"按钮**

步骤 02 执行操作后，弹出"打开"对话框，进入存放图片的文件夹中，选择要上传的图片，单击页面下方的"打开"按钮，如图 4-18 所示。

步骤 03 执行操作后，即会返回到秀米编辑器的"未标签图片"页面，图片上传成功后，在页面右侧会显示"图片已保存在图库中。你还可以继续添加。"信息，此时该页面左侧会显示上传的图片，如图 4-19 所示。

图 4-18　"打开"对话框　　　　　　图 4-19　图片上传成功

接下来，运营者在上传的图片中选中自己想要的图片，该图片就可以插入到
图文消息中了。

## 4.2.4　生成长图——提升阅读体验

相信大家在微信公众平台上都看到过长图形式的文章。长图形式的文章中包
括文字、图片等内容，在公众号上偶尔推送长图文，能够给读者带来不一样的体验，
因此这是运营者应该掌握的一种技巧。

秀米编辑器为运营者提供了将图文消息自动生成为长图文的功能。接下来就
为大家介绍怎样将图文消息生成长图文。

步骤　01　打开要生成为长图文的图文消息，然后单击"更多操作"按钮，
在弹出的列表中选择"生成长图（标清）"选项，如图 4-20 所示。

图 4-20　选择"生成长图（标清）"选项

**步骤** 02　执行操作后，弹出"新建下载任务"对话框，设置下载任务的名称和位置，然后单击"下载并打开"按钮，如图 4-21 所示，即可查看生成的长图文。图 4-22 所示为在"照片查看器"中的长图文效果。

图 4-21　"新建下载任务"对话框

图 4-22　在"照片查看器"中查看长图文

## 4.2.5　H5 页面——惊喜"秀"场

在秀米编辑器中，运营者除了可以编辑图文消息外，还可以制作 H5 动画页面。接下来将为大家介绍怎样在秀米编辑器中制作 H5 动画页面。

登录秀米账号，在首页中的"H5 秀制作"页面区域单击"新建一个 H5 秀"按钮，如图 4-23 所示，即可进入"我的秀米 /H5 秀 / 页面模板"页面，如图 4-24 所示。

同制作图文消息一样，运营者可以从秀米编辑器提供的模板中选择自己喜欢的内容插入到编辑页面中。不同的是，在 H5 页面中，可以添加音乐、选择设置页面自动翻页以及翻页的间隔时间。

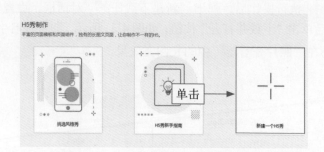

**图 4-23　单击"新建一个 H5 秀"按钮**

**图 4-24　"我的秀米 / H5 秀 / 页面模板"页面**

在这里利用系统提供的模板制作了一个简单的 H5 页面，如图 4-25 所示，只要单击 H5 页面右侧的"动态预览"按钮，即可观察动态的画面。

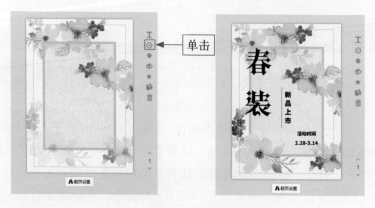

**图 4-25　预览 H5 页面的动态画面**

## 4.2.6　保存图文消息——谨防丢失

当编辑完一篇图文消息之后，运营者一定要记得保存该图文消息，以防一不小心关闭了编辑页面，导致文章丢失，使得心血白费。

运营者要保存已经编辑好的图文消息，只要单击编辑页面顶部的"保存"按钮即可，如图 4-26 所示。如果保存成功了，就会在页面右上角显现"成功啦"信息，如图 4-27 所示。

图 4-26　单击"保存"按钮　　　　　　　图 4-27　保存成功显示

## 4.2.7　预览图文信息——检查不可少

运营者保存好图文消息之后，在将其同步到微信公众号之前，还可以先在秀米编辑器中预览该图文消息，这样不仅可以先检查图文消息的排版效果，还可以趁此机会检查文章中有无错误内容。

运营者要在秀米编辑器中预览图文消息，只要单击顶部菜单栏中的"预览"按钮即可，如图 4-28 所示。随后出现相应的图文预览页面，如图 4-29 所示。运营者在预览时，也可以单击该页面的"点击此处去掉 logo 及广告"按钮，进入无广告的图文预览页面，预览图文消息。

图4-28　单击"预览"按钮　　　　图4-29　预览图文消息

# 4.3　模板应用：借助平台优势资源

秀米编辑器为广大运营者提供了众多的编辑素材，使得运营者能编辑出更多新颖的、有吸引力的图文消息。接下来将继续为大家讲解如何利用秀米编辑器中的模板来制作形式多样、内容丰富的微信公众号内容。

## 4.3.1　标题模板——要有吸引力

在微信公众号图文内容中，除了封面上显示的标题外，正文中一般还会有多级标题。下面将为大家介绍怎样用秀米编辑器制作出具有吸引力的各级图文标题。

进入秀米编辑器的"图文模板"页面，单击该页面上的"标题"按钮后，该页面的左方便会出现很多可供选择的标题模板。运营者只要在左侧的标题模板中选中自己喜欢的模板，该模板就会应用到右侧的标题栏中，然后输入图文消息的标题名就可以制作出具有吸引力的图文标题了，如图4-30所示。图4-31所示为两种标题模板的制作效果。

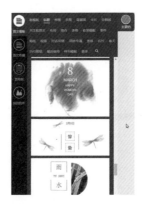

图 4-30　标题模板页面

图 4-31　标题模板及其应用举例

秀米编辑器中的标题模板，适用于各种形式的内容，举例介绍如下。

① 可以根据模板的字体形式、字号大小的不同，应用在不同层级的标题上，如字体加粗、字号较大的标题模板就应该应用在高一层级的标题上，如图 4-32 所示。

图 4-32　字体、字号不同标题模板

② 可以根据标题模板中添加的各个小标题来选择应用场景，如一些表达喜庆气氛的标题就应该应用在表达团圆、高兴等的节日场景和其他场景中，如图 4-33 所示。

③ 一些有着比较大的图片的标题模板，会如同图片一样插入公众号的图文内容中，一般这样的标题形式一篇只适合用一次，如图 4-34 所示。

图 4-33　喜庆场景标题模板　　　　　　　　图 4-34　节日图片标题模板

## 4.3.2　图文布局版式——引爆阅读体验

运营者除了可以用秀米编辑器编辑特色的标题之外，还可以创建具有特色的图文布局版式。接下来将为大家介绍怎样使用秀米编辑器进行图文布局。

单击"添加新的图文"按钮进入"图文模板"页面，如果运营者不会自己设计版式，那么就可以单击页面左侧的"套装模板"按钮，进入"套装模板"页面，在出现的众多模板中选出自己喜欢的，将其插入到右侧的图文消息中即可，效果如图 4-35 所示。

图 4-35　"套装模板"页面的模板选择

在这个模板中，大家可以看见文字和图片的位置都已经安排好了，运营者只要将模板中的图片和文字换成自己的图片与文字就可以了，换好后效果如图 4-36 所示。

**图 4-36　模板替换后的效果展示**

**专家提醒**

　　"套装模板"页面上的模板，包含一篇文章的多个必备的要素。

如果运营者要对某一篇文章进行模板套用，那么可以通过秀米编辑器首页的"挑选风格排版"功能来实现，具体方法如下。

　　单击"挑选风格排版"按钮，进入"风格排版"页面，在其中选择合适的排版风格，然后预览该风格图文排版；在弹出的页面中单击"一键采用"按钮，如图 4-37 所示，进入"图文排版"页面，然后对全篇文章的文字和图片进行替换，即可套用模板。

**图 4-37　单击"一键采用"按钮**

### 4.3.3　分割线——更清晰的层次

在对微信公众号内容进行排版时，有时会觉得标题与正文之间、文字与文字之间太紧凑而影响排版效果，如图4-38所示。此时，运营者可以通过增加空行的方式来解决问题。

图 4-38　标题与正文之间太紧凑的文章示例

当然，为了让标题与正文、文字与文字之间的区分更明显、排版更美观，也可以通过插入分割线的方法来调整。那么要怎样添加分割线呢？接下来将为大家介绍在图文中添加分割线的具体方法。

登录秀米编辑器，进入"图文排版"页面，单击该页面中的"分割线"按钮，在该页面的左侧会出现各种分割线模板，如图4-39所示。

运营者只要先单击要插入分割线的地方，再在分割线模板中选中一个合适的分割线，就可以将其插入到图文内容中。在这里选择了一个简单的分割线模板，添加分割线和修改排版后的效果展示如图4-40所示。

**专家提醒**

运营者可以在图文中任何想要添加分割线的地方插入分割线，而且分割线的形式也是多样的，它可以是线条，也可以是图片。

图 4-39 "分割线"页面及模板展示

图 4-40 添加分割线后的效果展示

## 4.3.4 背景图——让内容更上一层楼

运营者如果想要使自己的图文具有背景图效果，那么就可以在秀米编辑器中选择添加。接下来将为大家介绍怎样在图文中添加背景图效果。

登录秀米编辑器，进入"图文模板"页面。如果运营者不会自己设计背景图效果，那么就可以单击页面的"背景图"按钮，如图4-41所示。

运营者可以在出现的背景图模板中选择自己喜欢的背景图并将其插入到右侧的图文消息中。笔者在这里选择了一套模板，如图4-42所示。

图4-41　单击"背景图"按钮

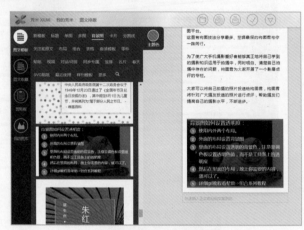

图4-42　选择背景图模板并插入

大家可以看见这个模板的背景图已经设置好了，运营者只要将模板中的文字换成自己的文字就可以了，换好后适当调整，最终效果如图4-43所示。

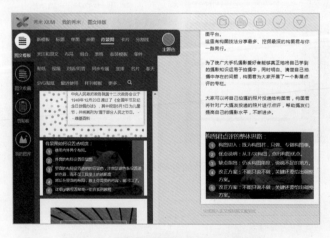

图4-43　背景图模板替换后的效果展示

**专家提醒**

需要注意的是，运营者如果想要自己制作背景图，那么就需要掌握以下几个步骤：

- ◆ 使用内外两个布局；
- ◆ 将外面的布局设置成背景图；
- ◆ 里面的布局使用调色板功能设置透明度；
- ◆ 在里面的布局上，添加想要的内容。

## 4.3.5 收藏夹——用了它，排版更轻松

对于运营者来说，拥有丰富的图文模板除了能够制作出更多优秀的图文消息之外，还能够节省一部分图文编辑的时间。因此运营者将自己需要经常用到的、优质的模板添加到收藏夹是非常有必要的。接下来将为大家介绍在秀米编辑器中怎样将常用的模板添加到收藏夹。

进入秀米编辑器的"图文排版"页面，然后在"套装模板"下，运营者如果有看中的模板，只要选中该模板，然后单击鼠标右键，就会出现"直接收藏"按钮。运营者只要单击"直接收藏"按钮，如图4-44所示，即可将选中的模板添加到收藏夹。

除了这种方法之外，运营者还可以在图文消息中，选中某一个模板，然后在出现的菜单栏中单击"收藏"按钮，如图4-45所示。

图4-44 单击"直接收藏"按钮

图4-45 单击"收藏"按钮

　　完成收藏后，运营者只要进入"图文收藏"页面，即可看见添加的模板，如图 4-46 所示。

图 4-46　"图文收藏"中添加的模板

# 第 5 章
## 美工入门：精通 Photoshop 常用操作

在微信公众号的运营过程中，图片是不可缺少的一大要素，而想要对其添加一些要素或进行修图，让图片更亮眼，那么掌握一些编辑图片的技巧是必要的。本章就介绍微信公众号运营过程中常用的 Photoshop 技巧，以帮助大家更熟练地做好运营工作。

 **要点展示**

◆ 图像的基本操作：学好入门本领
◆ 应用图像辅助工具：做到精确编辑
◆ 调整图像色彩色调：弥补图像缺陷
◆ 使用抠图合成功能：获取需要的部分
◆ 制作广告文字特效：突出设计主题

# 5.1　图像的基本操作：学好入门本领

Photoshop 作为一款图像处理软件，绘图和图像处理是它的看家本领。在使用
Photoshop 开始创作之前，需要先了解此软件的一些常用操作，如新建文件、打开文件、
储存文件和关闭文件等。只有熟练掌握各种操作，才可以更好、更快地设计作品。

## 5.1.1　置入素材图像：进行编辑的开始

在 Photoshop 中置入图像文件，是指将所选择的文件置入当前编辑窗口中，
然后在 Photoshop 中进行编辑。Photoshop 所支持的格式都能通过"置入"命令将
指定的图像文件置于当前编辑的文件中。

**步骤　01**　选择"文件"|"打开"命令，打开一幅素材图像，选择"置入"
命令，如图 5-1 所示。弹出"置入"对话框，选择置入文件，单击"置入"按钮，
如图 5-2 所示。

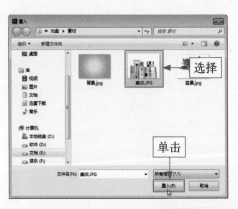

图 5-1　选择"置入"命令　　　　　　　图 5-2　"置入"对话框

**专家提醒**

运用"置入"命令，可以在图像中放置 EPS、AI、PDP 和 PDF 格
式的图像文件，该命令主要用于将一个矢量图像文件转换为位图图像
文件。放置一个图像文件后，系统将创建一个新的图层。需要注意的
是，CMYK 模式的图片文件只能置入与其模式相同的图片中。

步骤 02 执行操作后，即可置入所选择的图像文件，如图 5-3 所示。将鼠标指针移至置入文件的控制点上，按住 Shift 键的同时单击鼠标左键，等比例缩放图片，如图 5-4 所示。

图 5-3 植入图像文件

图 5-4 等比例缩放图像

步骤 03 执行上述操作后，移动图像至合适位置，如图 5-5 所示。然后按 Enter 键确认，得到最终效果如图 5-6 所示。

图 5-5 移动图像文件

图 5-6 最终图像效果

## 5.1.2 调整图像尺寸：影响显示效果

在 Photoshop 中，图像尺寸越大，所占的空间也越大。更改图像的尺寸，会直接影响图像的显示效果。下面介绍调整图像尺寸的操作方法。

步骤 01　选择"文件"|"打开"命令，打开一幅素材图像，如图5-7所示。
选择"图像"|"图像大小"命令，如图5-8所示。

步骤 02　弹出"图像大小"对话框，设置"宽度"为15厘米、"分辨率"
为72像素/英寸，单击"确定"按钮，如图5-9所示。调整后的图像效果，如图5-10
所示。

图 5-7　打开一幅素材图像

图 5-8　选择"图像大小"命令

图 5-9　"图像大小"对话框

图 5-10　调整图像大小后的效果

## 5.1.3　调整图像画布：影响工作区间

在Photoshop中，画布指的是实际打印的工作区域，图像画面尺寸的大小是
指当前图像周围工作空间的大小，改变画布大小会直接影响图像最终的输出效果。

**步骤** 01　单击"文件"|"打开"命令，打开一幅素材图像，如图 5-11 所示。单击"图像"|"画布大小"命令，如图 5-12 所示。

图 5-11　打开一幅素材图像

图 5-12　单击"画布大小"命令

**步骤** 02　弹出"画布大小"对话框，在"新建大小"选项区中设置"宽度"为 32 厘米、"高度"为 25 厘米，设置"画布扩展颜色"为"白色"，单击"确定"按钮，如图 5-13 所示。调整画布尺寸后的图像效果如图 5-14 所示。

图 5-13　"画布大小"对话框

图 5-14　调整画布尺寸后的图像效果

## 5.1.4　裁剪图像大小：去除多余部分

在上传图片后，经常会遇到图像中多出一些不需要的部分，这时就需要对图像进行裁剪操作。下面介绍运用"裁切"命令裁剪图像的操作方法。

步骤 01 选择"文件"|"打开"命令，打开一幅素材图像，如图 5-15 所示。选择"图像"|"裁切"命令，如图 5-16 所示。

图 5-15 打开一幅素材图像

图 5-16 选择"裁切"命令

步骤 02 弹出"裁切"对话框，在"基于"选项区中选中"左上角像素颜色"单选按钮，在"裁切"选项区中分别选中"顶""底""左"和"右"复选框，单击"确定"按钮，如图 5-17 所示。裁切后的图像效果如图 5-18 所示。

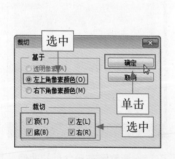

图 5-17 "裁切"对话框

图 5-18 裁切后的图像效果

## 5.1.5 旋转和缩放图像：不再倾斜

当图像被上传后中，有时会出现颠倒或倾斜现象，此时需要对图像进行旋转或变换操作。接下来将为大家介绍旋转和缩放图像的操作方法。

**步骤 01**　打开一幅素材图像，单击"背景"图层右侧的锁🔒的同时并向下方拖曳至"删除图层"🗑后释放鼠标左键，如图 5-19 所示。图层名称变为"图层 0"，如图 5-20 所示。

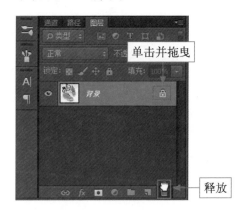

图 5-19　拖曳图像

图 5-20　图层名称变为"图层 0"

**步骤 02**　选择"编辑"|"变换"|"缩放"命令，如图 5-21 所示。调出变换控制框，将鼠标移至变换控制框右上方的控制柄上，鼠标指针呈双向箭头↖↘时，按住 Shift+Alt 组合键，单击鼠标左键的同时并向左下方拖曳，如图 5-22 所示。

图 5-21　选择"编辑"|"变换"|"缩放"命令

图 5-22　向左下方拖曳

**步骤 03**　缩放至合适位置后释放鼠标左键，在变换控制框中单击鼠标右键，在弹出的快捷菜单中选择"旋转"命令，如图 5-23 所示。将鼠标移至变换控制框右上方的控制柄处，单击鼠标左键的同时并逆时针旋转至合适位置，释放鼠标，然后按 Enter 键确认，效果如图 5-24 所示。

图 5-23　选择"旋转"命令

图 5-24　缩放和旋转图像后的效果

## 5.1.6　变形图像：灵活、自由地处理

运用"变形"命令时，所选图像上会显示变形网格和锚点，通过调整各锚点或对应锚点的控制柄，可以对图像进行更加灵活的变形处理。

步骤 01 选择"文件"|"打开"命令，打开两幅素材图像，如图 5-25 所示。选取工具箱中的移动工具，将鼠标移至"花.jpg"图像上，单击鼠标左键的同时并拖曳至"眼镜.jpg"图像编辑窗口中，如图 5-26 所示。

图 5-25　打开两幅素材图像

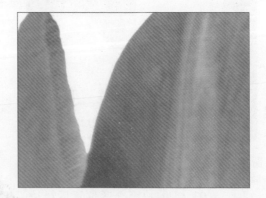

图 5-26　移动图像

步骤 02 选择"编辑"|"变换"|"缩放"命令，调出变换控制框，调整图像大小，在变换控制框中单击鼠标右键，在弹出的快捷菜单中选择"变形"命令，

将鼠标移至变换控制框中的各控制柄上，单击鼠标左键的同时并拖曳，调整各控制柄的位置，如图 5-27 所示。执行上述操作后，按 Enter 键确认，即可变形图像，如图 5-28 所示。

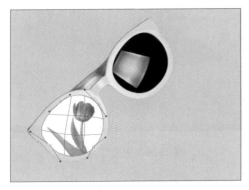

图 5-27　拖曳图像

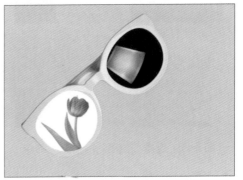

图 5-28　变形图像

## 5.2　应用图像辅助工具：做到精确编辑

用户在编辑和绘制图像时，灵活掌握标尺工具、网格和参考线等辅助工具的使用方法，可以在处理图像的过程中精确地对图像进行定位、对齐等操作，以便更加精美有效地处理图像。

### 5.2.1　应用标尺工具：方便精确校正

标尺工具是非常精准的测量及图像修正工具。利用此工具拉出一条直线后，会在属性栏显示这条直线的详细信息，如直线的坐标、宽、高、长度、角度等。利用标尺工具可以判断一些角度不正的图片，方便精确校正。

步骤 01 打开素材图像，选择"视图"|"标尺"命令，如图 5-29 所示，即可显示标尺效果，如图 5-30 所示。

步骤 02 将鼠标移至水平标尺与垂直标尺的相交处，单击鼠标左键的同时并拖曳至图像编辑窗口中的合适位置，释放鼠标左键，即可更改标尺原点，如图 5-31 所示。选择"视图"|"标尺"命令，即可取消标尺，如图 5-32 所示。

第 5 章　美工入门：精通 Photoshop 常用操作

· 95 ·

图 5-29　选择"视图"|"标尺"命令

图 5-30　显示标尺效果

图 5-31　更改标尺原点

图 5-32　取消标尺

## 5.2.2　应用或隐藏网格：方便度量

当用户需要平均分配间距和对齐图像时，网格工具便能带来很大的方便。网格工具可以平均分配空间，在网格选项中可以设置间距，方便度量和排列很多图片。

**步骤 01**　打开素材图像，选择"视图"|"显示"|"网格"命令，如图 5-33 所示，即可显示网格效果，如图 5-34 所示。

**步骤 02**　选择"视图"|"对齐到"|"网格"命令，执行操作后，可以看到在"网格"命令的左侧出现一个对号标志√，如图 5-35 所示。在工具箱中选取矩形选框工具，将鼠标移至图像编辑窗口中的衣服处，单击鼠标左键的同时并

拖曳绘制矩形框，即可自动对齐到网格，如图 5-36 所示。

图 5-33　选择"视图"｜"显示"｜
"网格"命令

图 5-34　显示网格效果

图 5-35　"网格"命令左侧出现√

图 5-36　绘制矩形框自动对齐到网格

## 5.2.3　应用参考线：实现精确作图

在进行图像排版或是一些规范操作时，用户要精细作图就要用到参考线。参考线相当于辅助线，能让用户操作更方便。它是浮动在整个图像上却不被打印的直线，用户可以随意移动、删除或锁定参考线。下面介绍应用参考线的操作方法。

打开素材图像，选择"视图"｜"新建参考线"命令，弹出"新建参考线"对话框，选中"垂直"单选按钮，在"位置"右侧的数值框中输入"2 厘米"，如图 5-37 所示。单击"确定"按钮，即可创建垂直参考线，如图 5-38 所示。

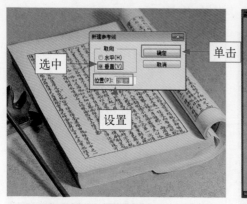

图 5-37　设置新建参考线参数

图 5-38　新建垂直参考线效果

**专家提醒**

　　用户也可以在"新建参考线"对话框中选中"水平"单选按钮，并设置相应参数，创建水平参考线。

# 5.3　调整图像色彩色调：弥补图像缺陷

　　Photoshop 拥有多种强大的颜色调整功能，使用相应命令可以轻松调整图像的色相、饱和度、对比度和亮度，修正有色彩不平衡、曝光不足或过度等缺陷的图像。本节主要介绍调整图像色彩、色调的操作方法。

## 5.3.1　"亮度／对比度"命令：简单调整

　　"亮度／对比度"命令可以对图像的色彩进行简单的调整，它对图像的每个像素都进行同样的调整。"亮度／对比度"命令对单个颜色通道不起作用，所以该调整方法不适用于高精度输出。

　　**步骤 01**　选择"文件"｜"打开"命令，打开一幅素材图像，如图 5-39 所示。选择"图像"｜"调整"｜"亮度／对比度"命令，弹出"亮度／对比度"对话框，设置"亮度"为 70、"对比度"为 35，单击"确定"按钮，如图 5-40 所示。

图 5-39　打开一幅素材图像

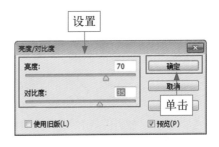

图 5-40　"亮度 / 对比度"对话框

**专家提醒**

"亮度 / 对比度"对话框各选项主要含义如下。

◆ 亮度：用于调整图像的亮度，该值为正时增加图像亮度，为负时降低亮度。

◆ 对比度：用于调整图像的对比度，正值时增加对比度，负值时降低对比度。

**步骤 02**　执行操作后，即可调整图像的色彩，效果如图 5-41 所示。

图 5-41　调整图像的亮度 / 对比度后的效果

## 5.3.2 "曲线"命令：可调整个别颜色

"曲线"命令是功能强大的图像校正命令，该命令可以在图像的整个色调范围内调整不同的色调，还可以对图像中的个别颜色通道进行精确的调整。在Photoshop 中，用户使用"曲线"命令可以只针对一种色彩通道的色调进行处理，而且不影响其他区域的色调。

**步骤 01** 选择"文件"|"打开"命令，打开一幅素材图像，如图 5-42 所示。选择"图像"|"调整"|"曲线"命令，弹出"曲线"对话框，在调节线上选择一个节点，设置"输出"和"输入"的参数值分别为 56、114，单击"确定"按钮，如图 5-43 所示。

图 5-42 打开素材图像

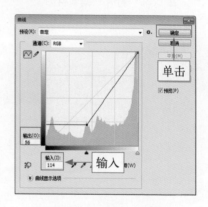

图 5-43 "曲线"对话框

**步骤 02** 执行操作后，即可调整图像色调，效果如图 5-44 所示。

图 5-44 调整图像色调后的效果

## 5.3.3 "色相/饱和度"命令：精确调整

"色相/饱和度"命令可以精确地调整整幅图像或单个颜色成分的色相、饱和度，可以同步调整图像中的所有颜色。"色相/饱和度"命令也可以用于 CMYK 颜色模式的图像中，有利于调整图像颜色值，使之处于输出设备的范围中。

**步骤 01** 选择"文件"|"打开"命令，打开一幅素材图像，如图 5-45 所示。选择"图像"|"调整"|"色相/饱和度"命令，弹出"色相/饱和度"对话框，设置"色相"为- 39、"饱和度"为 20，单击"确定"按钮，如图 5-46 所示。

**步骤 02** 执行操作后，即可调整图像色相，效果如图 5-47 所示。

图 5-45　打开素材图像

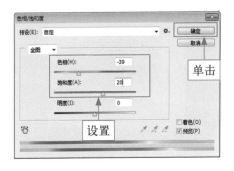

图 5-46　"色相/饱和度"对话框

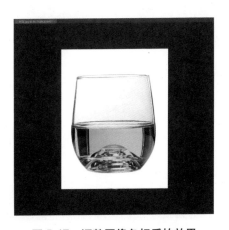

图 5-47　调整图像色相后的效果

## 5.3.4 "色彩平衡"命令：改变整体色调

"色彩平衡"命令主要通过对处于高光、中间调及阴影区域中的指定颜色进行调整，从而改变图像的整体色调。

**步骤 01** 选择"文件"|"打开"命令，打开一幅素材图像，如图5-48所示。选择"图像"|"调整"|"色彩平衡"命令，弹出"色彩平衡"对话框，设置"色阶"为0、100、20，单击"确定"按钮，如图5-49所示。

**步骤 02** 执行操作后，即可调整图像色调，效果如图5-50所示。

图 5-48 打开素材图像

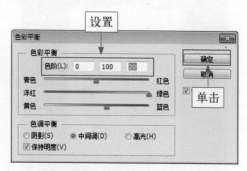

图 5-49 "色彩平衡"对话框

图 5-50 调整图像色调后的效果

# 5.4　使用抠图合成功能：获取需要的部分

在 Photoshop 中，创建图层和抠图是既重要又常见的操作，缺少了它们，图像的各种编辑工作将难以完成。本节就介绍创建图层对象和利用各种技巧抠图的方法。

## 5.4.1　创建图层对象：学会抠图的必要操作

在 Photoshop 中，用户可根据需要创建不同的图层。而普通图层是 Photoshop 最基本的图层，用户在创建和编辑图像时，新建的图层都是普通图层。在此主要向读者详细地介绍创建普通图层的操作方法。

选择"文件"|"打开"命令，打开一幅素材图像，如图 5-51 所示。单击"图层"面板中的"创建新图层"按钮■，即可新建图层，效果如图 5-52 所示。

图 5-51　打开素材图像

图 5-52　新建图层效果

**专家提醒**

用户可运用工具箱中的"文字"工具和"形状"工具分别新建文字图层、形状图层。用户还可以利用"图层"|"新建调整图层"|"色相/饱和度"命令新建调整图层，利用"图层"|"新建填充图层"|"纯色"命令新建填充图层。

## 5.4.2　普通抠图合成：任选 3 种方法完成操作

　　魔棒工具、快速选择工具以及相应的命令都是很常用的抠图工具。通常运用魔棒工具可以对一些简单背景的图像进行抠图，而在进行稍微复杂的抠图时，则可以用到快速选择工具、"色彩范围""选取相似"和"反向"等命令进行操作。在此介绍运用"反向"命令来进行抠图的操作。

　　步骤 01 　选择"文件"|"打开"命令，打开一幅素材图像，如图 5-53 所示。选取工具箱中的"魔棒工具" ，在工具属性栏中设置"容差"为 10px，单击鼠标左键选择白色选区，如图 5-54 所示。

　　步骤 02 　选择"选择"|"反向"命令，反选选区，如图 5-55 所示。按 Ctrl+J 组合键拷贝一个新图层，并隐藏背景图层，如图 5-56 所示。

图 5-53　打开素材图像

图 5-54　选择白色选区

图 5-55　反选选区

图 5-56　拷贝新图层并隐藏背景图层效果

## 5.4.3　使用路径抠图合成：利用钢笔工具抠取

　　路径是用钢笔工具绘制出来的一系列点、直线和曲线的集合。作为一种矢量绘图工具，用户可以使用工具箱中的矢量图形工具绘制不同形状的路径，从而进行抠图合成操作。在默认情况下，工具箱中的矢量图形工具组显示为"矩形工具" ▢ 。在此就以矩形工具为例进行介绍。

　　步骤 01　打开一幅素材图像，选择工具箱中的"矩形工具"图示，设置模式为路径，如图 5-57 所示。在图像编辑窗口的左上角单击鼠标左键并向右下方拖曳，创建一个矩形路径，如图 5-58 所示。

　　步骤 02　按 Ctrl+Enter 组合键，将路径转换为选区，如图 5-59 所示。按 Ctrl+J 组合键拷贝一个新图层，并隐藏背景图层，效果如图 5-60 所示。

图 5-57　选择工具并设置"路径"模式

图 5-58　创建矩形路径

图 5-59　将路径转化为选区

图 5-60　最终图像效果

## 5.4.4  使用通道抠图合成：抠取背景像素图像

通道的功能很强大，在制作图像特效时离不开通道协助。一般的图片都是由红、绿、蓝（RGB）三元素构成的，因此，可以利用通道进行快速抠图。在进行抠图时，有些图像与背景过于相近，从而抠图不是那么方便，此时可以利用"通道"面板，结合其他命令对图像进行适当调整。

步骤 01   打开一幅素材图像，展开"通道"面板，分别单击来查看通道显示效果，拖动"红"通道至面板底部的"创建新通道"按钮 上，复制一个通道，如图 5-61 所示。选择复制的"红 拷贝"通道，选择"图像"|"调整"|"亮度 / 对比度"命令，弹出"亮度 / 对比度"对话框，设置"亮度"为- 70、"对比度"为 71，单击"确定"按钮，如图 5-62 所示。

步骤 02   选取"快速选择工具" ，设置画笔大小为 80 像素，在碗上拖动鼠标创建选区，如图 5-63 所示。在"通道"面板中单击 RGB 通道，退出通道模式，返回到 RGB 模式，切换到"图层"面板，按 Ctrl+J 组合键拷贝一个新图层，并隐藏背景图层，效果如图 5-64 所示。

图 5-61　复制一个通道

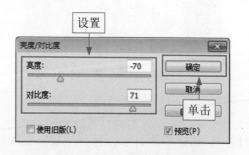

图 5-62　"亮度 / 对比度"对话框

**专家提醒**

在创建选区时，如果有多余的部分，可以单击工具属性栏的"从选区减去"按钮 ，将画笔调小，减去多余的部分；如果有缺少的部分，可以单击工具属性栏的"添加到选区"按钮 ，添加缺少的部分。

图 5-63 创建选区

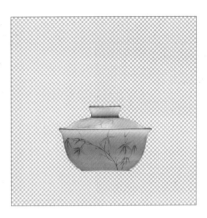

图 5-64 拷贝新图层并隐藏背景图层效果

# 5.5 制作广告文字特效：突出设计主题

在图像设计中，文字的使用非常广泛，通过对文字进行编排与设计，不但能够更加有效地突出设计主题，而且可以对图像起到美化的作用。本节主要向读者讲述文字的编辑操作方法。

## 5.5.1 使用"横排文字"工具输入

输入横排文字的方法很简单，使用工具箱中的横排文字工具或横排文字蒙版工具，即可在图像编辑窗口中输入横排文字。

步骤 01 打开一幅素材图像，选取工具箱中的横排文字工具，如图 5-65 所示。将鼠标指针移至适当位置，在图像上单击鼠标左键，确定文字的插入点，在工具属性栏中设置"字体"为"华文行楷"、"字体大小"为 48 点、"颜色"为蓝色（RGB 参数值分别为 0、0、255），如图 5-66 所示。

步骤 02 在图像上输入相应文字，单击工具属性栏右侧的"提交所有当前编辑"按钮 ✓，如图 5-67 所示，即可完成横排文字的输入操作。选取工具箱中的移动工具，将文字移至合适位置，效果如图 5-68 所示。

图 5-65 选取横排文字工具

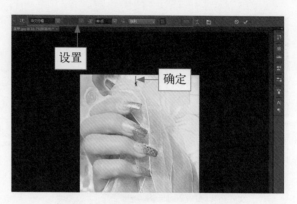

图 5-66 设置文字参数和插入点

图 5-67 输入文字

图 5-68 移动文字效果

## 5.5.2 可自动换行的段落文字输入

在 Photoshop 中，当用户改变段落文字所在的定界框时，定界框中的文字会根据定界框的位置自动换行。

**步骤 01** 选择"文件"|"打开"命令，打开一幅素材图像，如图 5-69 所示。选取工具箱中的横排文字工具，在图像窗口中的合适位置创建一个文本框，如图 5-70 所示。

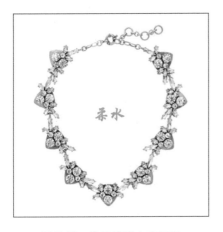

图 5-69　选取横排文字工具

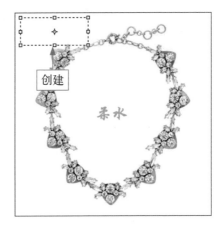

图 5-70　创建文本框

步骤 02　在工具属性栏中，设置"字体"为"方正楷体简体"、"字体大小"为 6 点、"颜色"为蓝色（RGB 参数值分别为 87、144、221），如图 5-71 所示。在图像上输入相应文字，单击工具属性栏右侧的"提交所有当前编辑"按钮 ✓，即可完成段落文字的输入操作，选取工具箱中的移动工具，将文字移至合适位置，效果如图 5-72 所示。

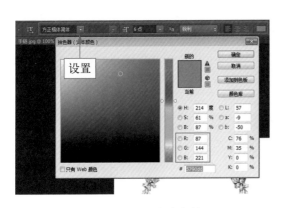

图 5-71　设置文字参数

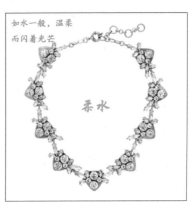

图 5-72　最终文字效果

## 5.5.3　沿路径排列输入横排文字

沿路径输入文字时，文字将沿着锚点添加到路径方向。如果在路径上输入横排文字，文字方向将与基线垂直；当在路径上输入竖排文字时，文字方向将与基线平行。

**步骤 01** 选择"文件"|"打开"命令，打开一幅素材图像，如图 5-73 所示。选取钢笔工具，在图像编辑窗口中创建一条曲线路径，如图 5-74 所示。

图 5-73 打开素材文件

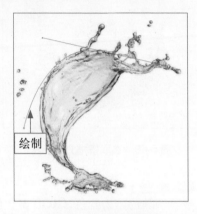

图 5-74 创建曲线路径

**步骤 02** 选取工具箱中的横排文字工具，在工具属性栏中设置"字体"为"华文仿宋"、"字体大小"为 10 点、"颜色"为蓝色（RGB 参数值分别为 0、0、255），如图 5-75 所示。移动鼠标至图像编辑窗口中的曲线路径上，单击鼠标左键确定插入点并输入文字，按 Ctrl+Enter 组合键确认，返回"路径"面板，在空白处单击隐藏路径，选择工具箱中的移动工具移动至合适位置，效果如图 5-76 所示。

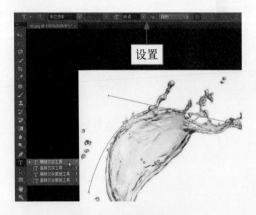

图 5-75 设置文字参数

图 5-76 最终文字效果

# 第6章
## 美工实战 1：设计公众号的『脸面』

伴随着微信的火热发展，微信公众平台也应运而生。越来越多的商家、企业和个人都申请开通微信公众平台，用于营销或者其他用途。基于此，微信公众号的界面设计也变得重要起来，美观的界面可以让人们停留更久。

 **要点展示**

◆ 横幅广告 Banner 设计：描绘一个好的开篇

◆ 公众号图文封面设计：一图胜千言

◆ 公众号求关注设计：准确传达信息

# 6.1　横幅广告 Banner 设计：描绘一个好的开篇

横幅广告 Banner 主要采用卡其色的纯色背景，配上一张符合公众号特色的图片，以及简洁明了的文字与图形，可以很好地将信息传递给用户。

## 6.1.1　制作卡其色手工背景效果

设计和制作一个好的背景，会起到衬托公众号横幅广告 Bannar 主体的作用。下面详细介绍制作卡其色背景的方法。

步骤 01　选择"文件"|"新建"命令，弹出"新建文档"对话框，设置"名称"为"横幅广告 Banner 设计"、"宽度"为 990 像素、"高度"为 300 像素、"分辨率"为 300 像素 / 英寸、"颜色模式"为"RGB 颜色"、"背景内容"为"白色"，单击"创建"按钮，如图 6-1 所示，新建一个空白图像。

步骤 02　选取工具箱中的圆角矩形工具，在工具属性栏中设置"填充"为黄灰色（RGB 参数值分别为 166、149、124）、"描边"为棕色（RGB 参数值分别为 106、57、6）、"描边宽度"为 1 像素、"半径"为 10 像素，沿画布边缘绘制一个圆角矩形，如图 6-2 所示。

图 6-1　设置各选项　　　　　　　　　　　图 6-2　绘制圆角矩形

**专家提醒**

如果对绘制的圆角矩形不满意，可以选择"窗口"|"属性"命令，在展开的"属性"面板中，对圆角矩形进行参数设置，如"填充""描边""描边宽度""半径"等参数。

**步骤 03**　选择"文件"|"打开"命令，打开一幅"手链.jpg"素材图像，如图 6-3 所示。

**步骤 04**　选择"图像"|"调整"|"自然饱和度"命令，弹出"自然饱和度"对话框，设置"自然饱和度"为 100、"饱和度"为 14，单击"确定"按钮，效果如图 6-4 所示。

图 6-3　打开"手链.jpg"素材图像　　　　图 6-4　调整"自然饱和度"后的图像效果

**步骤 05**　选择"图像"|"调整"|"亮度/对比度"命令，弹出"亮度/对比度"对话框，设置"对比度"为 35，单击"确定"按钮，效果如图 6-5 所示。

**步骤 06**　运用移动工具将素材图像拖曳至背景图像编辑窗口中，适当调整图像的大小和位置，如图 6-6 所示。

图 6-5　调整"亮度/对比度"后的图像效果　　　图 6-6　调整图像大小和位置

**步骤 07**　运用椭圆选框工具绘制一个圆形选区，按 Shift+Ctrl+I 组合键，反选选区，如图 6-7 所示。

**步骤 08**　按 Delete 键删除选区内的图像，按 Ctrl+D 组合键，取消选区，效果如图 6-8 所示。

图 6-7　反选选区　　　　　　　　　　　　　图 6-8　取消选区效果

## 6.1.2　加入主题文字与装饰图案

在广告图像中添加合适的文字和装饰图案，可以更清晰地表达微信公众号主题。下面介绍添加主题文字与装饰图案效果的方法。

**步骤 01**　选取工具箱中的横排文字工具，选择"窗口"|"字符"命令，选择弹出"字符"面板，设置"字体系列"为"华康娃娃体 W5（P）"、"字体大小"为 16.8 点、"颜色"为白色（RGB 参数值均为 255），并激活仿粗体图标，如图 6-9 所示。

**步骤 02**　在图像编辑窗口中输入文字，运用移动工具将文字移动至合适位置，效果如图 6-10 所示。

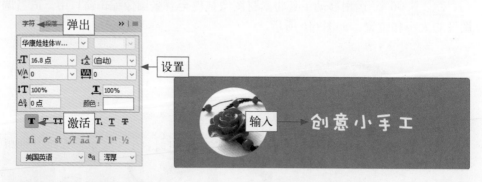

图 6-9　设置"字符"参数　　　　　　　　　图 6-10　输入文字

**步骤 03**　选择"图层"|"图层样式"|"投影"命令，弹出"图层样式"对话框，设置"不透明度"为 75%、"角度"为 90 度、"距离"为 5 像素、"扩展"为 10%、"大小"为 7 像素，如图 6-11 所示。

**步骤 04**　单击"确定"按钮即可为文字添加"投影"样式，效果如图 6-12 所示。

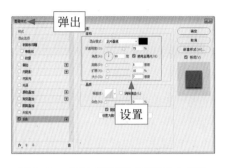

图 6-11 设置"投影"图层样式参数

图 6-12 为文字添加投影样式

**步骤 05** 选取工具箱中的直线工具，在工具属性栏中设置"选择工具模式"为"形状"、"填充"为白色（RGB 参数值均为 255）、"粗细"为 2 像素，绘制直线形状，如图 6-13 所示。

**步骤 06** 选取工具箱中的横排文字工具，设置"字体系列"为"方正卡通简体"、"字体大小"为 7.2 点、"设置所选字符的字距调整"为- 25、"颜色"为白色（RGB 参数值均为 255），在图像编辑窗口中输入文字，如图 6-14 所示。

图 6-13 绘制直线

图 6-14 输入文字

**步骤 07** 选取工具箱中的多边形工具，在工具属性栏中设置"填充"为黄色（RGB 参数值分别为 234、209、73）、"描边"为无，选中"星形"复选框，设置"缩进边依据"为 53%、"边"为 4，如图 6-15 所示。

**步骤 08** 按住 Shift 键的同时，在图像编辑窗口中单击鼠标左键并拖曳，绘制一个星形，如图 6-16 所示。

图 6-15 设置各选项　　　　　图 6-16 绘制一个星形

**专家提醒**

图6-15所示下拉列表框中的各主要选项含义如下。

◆ 半径：可以设置多边形或者星形的半径长度。

◆ 平滑拐角：创建具有平滑拐角的多边形或者星形。

◆ 星形：勾选该复选框可以创建星形。

◆ 缩进边依据：在选项右侧的文本框中可以设置星形边缘向中心缩进的数量，该值越高，缩进量越大。

◆ 平滑缩进：勾选该复选框，可以使星形的边平滑地向中心缩进。

**步骤 09** 选取工具箱中的直接选择工具，适当调整星形两个角的长度，效果如图6-17所示。

**步骤 10** 选取工具箱中的移动工具，按Ctrl+T组合键，调出变换控制框，在工具属性栏中设置"旋转"为25度，此时图像编辑窗口中的图像也随之旋转，如图6-18所示。

图6-17 调整星形角的长度

图6-18 旋转图像

**步骤 11** 按Enter键确认变换，并将图像移至合适位置，效果如图6-19所示。

**步骤 12** 选取工具箱中的横排文字工具，在"字符"面板中设置"字体系列"为"方正卡通简体"、"字体大小"为6点、"颜色"为白色（RGB参数值均为255），在图像编辑窗口中输入文字，如图6-20所示。

图6-19 移动图像

图6-20 输入文字

## 6.1.3　横幅广告 Banner 界面效果

在完成了背景效果和主题文字与装饰图案效果的制作后，微信公众号的精美横幅广告 Banner 也就基本完成了，接下来就是对图层的组合和合成的图像效果进行移动和插入了，具体方法如下。

步骤 01　选中除"背景"图层外的所有图层，按Ctrl+G组合键，为图层编组，得到"组 1"图层组，如图 6-21 所示。

步骤 02　按 Ctrl+O 组合键，打开"公众号界面 1.jpg"素材图像，运用移动工具将图层组的图像拖曳至刚打开的图像编辑窗口中，适当调整图像的位置，效果如图 6-22 所示。

图 6-21　得到"组 1"图层组

图 6-22　图像效果

# 6.2　公众号图文封面设计：一图胜千言

公众号封面主要以渐变的红色作为背景色，将字体与图像进行部分隐藏与显示，使人物与字体融为一体，再添加适当的装饰，展现出周年庆的热闹气氛。

## 6.2.1　制作中心渐变的背景效果

在自然界中，完全纯净的颜色是很少的，更多的是伴有杂色或颜色间的渐变形式，如秋天逐渐变黄的树叶就是一种常见的渐变视觉形象，它带给人的是视觉上强烈的节奏感。下面，笔者就介绍以红色为背景色制作中心渐变效果的方法。

**步骤 01** 选择"文件"|"新建"命令，弹出"新建文档"对话框，设置"名称"为"公众号封面设计"、"宽度"为1080像素、"高度"为627像素、"分辨率"为300像素/英寸、"颜色模式"为"RGB颜色"、"背景内容"为"白色"，单击"创建"按钮，如图6-23所示，新建一个空白图像。

**步骤 02** 展开"图层"面板，新建一个图层，选取工具箱中的渐变工具，在工具属性栏上单击"点按可编辑渐变"按钮，弹出"渐变编辑器"对话框，选择渐变条左侧的色标，单击"颜色"右侧的色块，弹出"拾色器（色标颜色）"对话框，设置RGB参数值分别为255、0、6，如图6-24所示。

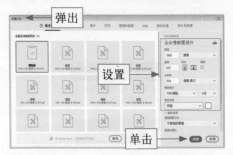

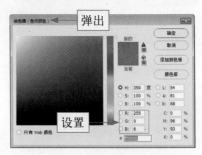

图6-23 "新建文档"对话框          图6-24 设置RGB参数值

**步骤 03** 单击"确定"按钮，返回"渐变编辑器"对话框，用以上同样的方法设置另一个色标的颜色为深红色（RGB参数值分别为105、0、3），单击"确定"按钮，如图6-25所示。

**步骤 04** 单击工具属性栏中的"径向渐变"按钮，将鼠标指针移至图像编辑窗口中的适当位置，单击鼠标左键并拖曳，释放鼠标左键，即可填充渐变颜色，效果如图6-26所示。

图6-25 设置另一个色标的颜色          图6-26 填充渐变色

**专家提醒**

　　渐变工具用来在整个文档或选区内填充渐变颜色。渐变工具在 Photoshop 中的应用非常广泛，它不仅可以填充图像，还可以用来填充图层蒙版、快速蒙版和通道。此外，调整图层和填充图层也会用到渐变工具。

　　渐变编辑器中的"位置"文本框中显示的标记点是在渐变效果预览条的位置，用户可以输入数字来改变颜色标记点的位置，也可以直接拖曳渐变颜色带下端的颜色标记点。

## 6.2.2　设计主题文字与装饰图案

在微信公众号图文封面上，设计吸人眼球的文字与装饰图案，有助于读者了解图文和提升点击阅读率。下面详细介绍制作公众号图文封面上的主题文字与装饰图案的方法。

步骤 01　按 Ctrl+O 组合键，打开一幅"封面文字 .psd"素材图像，如图 6-27 所示。

步骤 02　展开"路径"面板，选择"路径 1"路径，单击面板下方的"将路径作为选区载入"按钮，如图 6-28 所示。

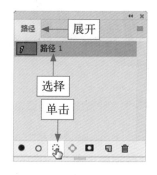

图 6-27　打开"封面文字 .psd"素材图像　　图 6-28　单击"将路径作为选区载入"按钮

步骤 03　切换至"图层"面板，按 Shift+Ctrl+N 组合键，新建一个图层，并填充黑色（RGB 参数值均为 0），按 Ctrl+D 组合键，取消选区，效果如图 6-29

所示。

步骤 04 按 Ctrl+O 组合键，打开"封面人物 .jpg"素材图像，运用移动
工具将素材图像拖曳至"封面文字"图像编辑窗口中，适当调整图像的位置，效
果如图 6-30 所示。

图 6-29 取消选区　　　　　　　　　　　　图 6-30 拖曳图像后的效果

步骤 05 选择"图层 3"图层，单击鼠标右键，在弹出的快捷菜单中选择
"创建剪贴蒙版"选项，隐藏部分人物图像，效果如图 6-31 所示。

步骤 06 选取工具箱中的画笔工具，设置前景色为黑色（RGB 参数值均
为 0），选择"图层 2"图层，在图像编辑窗口中适当涂抹，显示部分人物图像，
效果如图 6-32 所示。

图 6-31 隐藏部分人物图像　　　　　　　　图 6-32 显示部分人物图像

步骤 07 隐藏"背景"图层，按 Shift+Ctrl+Alt+E 组合键，盖印可见图层，
将盖印的图像拖曳至背景图像的编辑窗口中，适当调整图像的位置，效果如图 6-33
所示。

步骤 08 双击"图层 2"图层，打开"图层样式"对话框，选中"投影"
复选框，设置"不透明度"为 60%、"角度"为 90、"距离"为 18 像素、"扩展"
为 10%、"大小"为 25 像素，单击"确定"按钮，即可为"图层 2"添加"投影"

图层样式，如图 6-34 所示。

图 6-33 拖曳图像

图 6-34 添加"投影"图层样式

步骤 09 选择"文件"|"打开"命令，打开"装饰.psd"素材图像，运用移动工具将素材图像拖曳至背景图像编辑窗口中的适当位置，如图 6-35 所示。

步骤 10 在"图层"面板中，将"装饰.psd"图像调整全"图层 1"图层上方，效果如图 6-36 所示。

图 6-35 拖曳图像

图 6-36 调整图层顺序

步骤 11 在"调整"面板中，单击"亮度/对比度"按钮，新建"亮度/对比度 1"调整图层，在展开的"属性"面板中，设置"亮度"为 5、"对比度"为 100，并单击面板下方的"此调整剪切到此图层"按钮，如图 6-37 所示。

步骤 12 在"调整"面板中单击"曲线"按钮，新建"曲线 1"调整图层，展开"属性"面板，在曲线上单击鼠标左键新建一个控制点，在下方设置"输入"为 130、"输出"为 166，并单击面板下方的"此调整剪切到此图层"按钮，效果如图 6-38 所示。

步骤 13 选取工具箱中的横排文字工具，在"字符"面板中设置"字体系列"为"方正粗宋简体"、"字体大小"为 10 点、"设置所选字符的字距调整"为 200、"颜色"为白色（RGB 参数值均为 255），在图像编辑窗口中输入文字，效果如图 6-39 所示。

步骤 14 按住 Ctrl 键，文字周围会出现控制框，将鼠标光标移至控制框外侧，当光标呈 ↻ 形状时，适当旋转文字，并按 Ctrl+Enter 组合键确认输入，并适当调整文字的位置，效果如图 6-40 所示。

图 6-37 "属性"面板

图 6-38 图像效果

图 6-39 输入文字

图 6-40 旋转文字

步骤 15 单击"图层"面板底部的"添加图层样式"按钮，如图 6-41 所示。

步骤 16 在弹出的快捷菜单中选择"投影"选项，打开"图层样式"对话框，设置"不透明度"为 70%、"距离"为 3 像素、"扩展"为 10%、"大小"为 7 像素，单击"确定"按钮，即可添加"投影"图层样式，效果如图 6-42 所示。

步骤 17 选取工具箱中的横排文字工具，在"字符"面板中设置"字体系列"为"方正粗宋简体"、"字体大小"为 6 点、"行距"为 7 点、"颜色"为白色（RGB 参数值均为 255），在图像编辑窗口中输入文字，效果如图 6-43 所示。

步骤 18 选中相应文字，设置"字体大小"为 10 点，效果如图 6-44 所示。

图 6-41　单击"添加图层样式"按钮

图 6-42　添加"投影"图层样式

图 6-43　输入文字

图 6-44　设置"字体大小"参数

**步骤 19**　选中相应文字，设置"颜色"为黄色（RGB 参数值分别为 255、236、0），在"图层"面板中单击文字图层，即可确认输入，效果如图 6-45 所示。

**步骤 20**　选择"好礼大放送！"文字图层，单击鼠标右键，在弹出的快捷菜单中选择"拷贝图层样式"选项，粘贴图层样式在另一文字图层上，效果如图 6-46 所示。

图 6-45　确认输入

图 6-46　粘贴图层样式

**专家提醒**

　　Photoshop 中的文字是使用 PostScript（后处理脚本）定义的数学上的直线或曲线来表示的，如果没有设置消除锯齿，文字边缘便会产生硬边和锯齿。所以，在输入文字时可先在工具属性栏或"字符"面板中设置消除锯齿的方式，如锐利、犀利、浑厚、平滑等。

## 6.2.3　精美图文封面的界面效果

　　有了背景效果、主题文字和装饰图案的图像无疑是非常具有吸引力的，"一图胜千言"说的就是如此。下面详细介绍制作公众号封面的界面效果的完整方法。

　　**步骤　01**　按 Shift+Ctrl+Alt+E 组合键，盖印可见图层，得到"图层 3"图层，如图 6-47 所示。

　　**步骤　02**　按 Ctrl+O 组合键，打开"公众号界面 2.jpg"素材图像，运用移动工具将盖印的图像拖曳至刚打开的图像编辑窗口中，适当调整图像的大小和位置，效果如图 6-48 所示。

图 6-47　得到"图层 3"图层

图 6-48　图像效果

# 6.3　公众号求关注设计：准确传达信息

　　在制作公众号求关注设计时，运用矩形工具绘制出虚线框，加上适当的装饰性的图形，再放入二维码，配上一些说明性的文字，即可完成设计。

## 6.3.1　制作求关注人物头像效果

企业和商家要想用户关注某一微信公众号，首先要知道的是该公众号是做什么的，有什么值得关注的价值，而了解其账号的创建者是其中的重要一环。下面将介绍公众号求关注界面中人物头像效果的制作方法。

**步骤 01**　选择"文件"|"新建"命令，弹出"新建文档"对话框，设置"名称"为"公众号求关注设计"、"宽度"为 990 像素、"高度"为 1123 像素、"分辨率"为 300 像素 / 英寸、"颜色模式"为"RGB 颜色"、"背景内容"为"白色"，单击"创建"按钮，如图 6-49 所示，新建一个空白图像。

**步骤 02**　选取工具箱中的矩形工具，沿画布边缘绘制一个矩形，在弹出的"属性"面板中设置"填充"为白色（RGB 参数值均为 255）、"描边"为黑色（RGB 参数值均为 0）、"描边宽度"为 3 像素。单击"描边选项"右侧的下拉按钮，在弹出的列表框中选择第二种虚线，并在下方设置"虚线"为 3、"间隙"为 3，如图 6-50 所示。

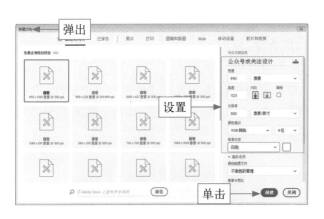

图 6-49　"新建文档"对话框

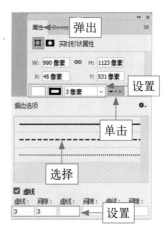

图 6-50　设置属性参数

**步骤 03**　选择"文件"|"打开"命令，打开一幅"头像 .jpg"素材图像，运用移动工具将素材图像拖曳至背景图像编辑窗口中，适当调整图像的大小与位置，如图 6-51 所示。

**步骤 04**　选取工具箱中的椭圆选框工具，在图像编辑窗口中绘制一个圆形选框，如图 6-52 所示。

拖曳

绘制

图 6-51　拖曳图像　　　　　　　图 6-52　绘制圆形选框

**专家提醒**

选区在图像编辑过程中有着重要的位置，它限制着图像编辑的范围和区域。灵活而巧妙地应用选区，能得到许多意想不到的效果。

**步骤 05**　按 Shift+Ctrl+I 组合键，反选选区，按 Delete 键删除选区内的图像，按 Ctrl+D 组合键，取消选区，效果如图 6-53 所示。

**步骤 06**　单击工具箱底部的前景色色块，弹出"拾色器（前景色）"对话框，设置 RGB 参数值分别为 193、34、50，单击"确定"按钮，如图 6-54 所示。

取消选区

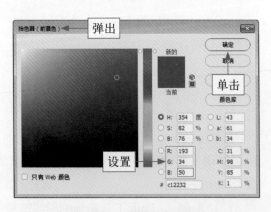

图 6-53　取消选区　　　　　　　图 6-54　设置 RGB 参数

**步骤 07**　新建一个图层，选取工具箱中的自定义形状工具，在工具属性栏中设置"选择工具模式"为"像素"、"形状"为"方块形卡"，按住 Shift 键的同时，在图像编辑窗口中的适当位置绘制一个形状，如图 6-55 所示。

**步骤 08**　选取工具箱中的矩形选框工具，在图像编辑窗口中绘制一个矩形选框，如图 6-56 所示。

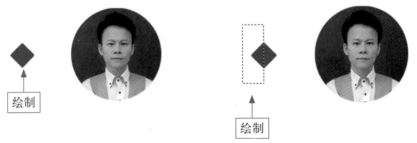

图 6-55　绘制形状　　　　　图 6-56　绘制矩形选框

**步骤 09**　在选区内单击鼠标右键，在弹出的快捷菜单中选择"通过剪切的形状图层"命令，如图 6-57 所示。

**步骤 10**　执行上述操作后，即可将选区内的图像剪切为一个新图层，运用移动工具适当调整图像的位置，效果如图 6-58 所示。

图 6-57　选择"通过剪切的形状图层"命令

图 6-58　调整图像位置

**专家提醒**

在创建选区后，用户如果要使用画笔绘制选区边缘的图像，或者对选中的图像应用滤镜，可以选择"视图"|"显示"|"选区边缘"命令，或者按Ctrl+H组合键，隐藏选区边缘，这样可以更加清楚地看到选区边缘图像的变化情况。

然而，选区虽然隐藏了，但并不等于不存在，它仍会限定操作的有效区域。如果要再次显示选区边缘，可以再次选择"视图"|"显示"|"选区边缘"命令，或者按Ctrl+H组合键。

步骤 11 在按住 Ctrl 键的同时，单击"图层 3"的图层缩览图，将其载入选区，如图 6-59 所示。

步骤 12 设置前景色为深蓝色（RGB 参数值分别为 19、27、73），为选区填充前景色，并取消选区，效果如图 6-60 所示。

载入选区

取消选区

图 6-59 载入选区　　　　　　　　图 6-60 填充前景色效果

## 6.3.2　编辑求关注说明文字效果

微信公众号的求关注界面，除了要通过炫酷的头像来吸引读者注意外，还应该在图像中加入其他求关注的信息，如作者简介、关注说明和二维码等。下面介绍求关注说明文字效果和二维码插入的制作方法。

步骤 01 选取工具箱中的横排文字工具，在"字符"面板中设置"字体系列"为"方正大黑简体"、"字体大小"为 12 点、"颜色"为深灰色（RGB 参数值均为 58），在图像编辑窗口中输入文字，如图 6-61 所示。

 **步骤 02** 按 Ctrl+J 组合键复制文字图层，运用移动工具将其移至合适位置，在"字符"面板中设置"字体大小"为 10 点，并修改文本内容，效果如图 6-62 所示。

图 6-61 输入文字

图 6-62 修改文本内容

 **步骤 03** 选取工具箱中的横排文字工具，在"字符"面板中设置"字体系列"为"方正细黑—简体"、"字体大小"为 10 点、"颜色"为灰色（RGB 参数值均为 58），并激活仿粗体图标，在图像编辑窗口中输入文字，效果如图 6-63 所示。

 **步骤 04** 按 Ctrl+O 组合键，打开"二维码 .psd"素材图像，运用移动工具将素材图像拖曳至背景图像编辑窗口中，适当调整图像的位置，效果如图 6-64 所示。

图 6-63 输入文字

图 6-64 拖曳图像

### 6.3.3　公众号求关注的界面效果

求关注界面一般位于公众号图文信息的下方，能向读者准确传达作者的信息，并引导关注。下面是制作公众号求关注界面最终效果的方法。

**步骤 01**　选中除"背景"图层外的所有图层，按 Ctrl+G 组合键，为图层编组，得到"组 1"图层组，如图 6-65 所示。

**步骤 02**　按 Ctrl+O 组合键，打开"公众号界面 3.jpg"素材图像，运用移动工具将图层组的图像拖曳至刚打开的图像编辑窗口中，适当调整图像的位置，效果如图 6-66 所示。

图 6-65　得到"组 1"图层组

图 6-66　图像效果

# 第 7 章
## 美工实战 2：微店设计决胜之道

　　微商店铺的应用领域在逐步扩张，应用形式也越来越广泛，并深入到生活中的各个方面。本章将重点讲解如何设计自己的微店，使自己的店铺在众多的微商店铺中表现出独有的特色。

 要点展示

◆ 微店店招设计：让画面更清爽
◆ 微店商品简介区设计：展示美的一面
◆ 美妆店面设计：提供购买的视觉动力

# 7.1 微店店招设计：让画面更清爽

在制作店招设计时，运用滤镜制作出扁平化风格的背景图像，加上适当的文字，能够让整个画面显得简洁清爽。

## 7.1.1 制作扁平化风格背景效果

"扁平化"，通俗地说，即把所有有碍认知的繁杂、冗余的元素去除，让效果更加简洁，让核心元素更加凸显。下面介绍制作扁平化风格背景效果的方法。

**步骤 01** 按 Ctrl+N 组合键，弹出"新建文档"对话框，设置"名称"为"店招设计"、"宽度"为 1080 像素、"高度"为 1400 像素、"分辨率"为 300 像素/英寸、"颜色模式"为"RGB 颜色"、"背景内容"为"白色"，单击"创建"按钮，新建一个空白图像，如图 7-1 所示。

**步骤 02** 按 Ctrl+O 组合键，打开"店招背景.jpg"素材图像，如图 7-2 所示。

图 7-1 "新建文档"对话框

图 7-2 素材图像

**步骤 03** 选择"窗口"|"调整"命令，打开"调整"面板，在"调整"面板中单击"亮度/对比度"按钮，如图 7-3 所示。

**步骤 04** 新建"亮度/对比度 1"调整图层，在展开的"属性"面板中设置"亮度"为 35、"对比度"为 21，如图 7-4 所示。

**步骤 05** 在"调整"面板中单击"自然饱和度"按钮，新建"自然饱和度 1"调整图层，在"属性"面板中设置"自然饱和度"为 50，效果如图 7-5 所示。

**步骤 06** 按 Shift+Ctrl+Alt+E 组合键，盖印可见图层，得到"图层 1"图层，如图 7-6 所示。

步骤 **07** 选择"滤镜"|"像素化"|"彩块化"命令，将图像转化为小的彩块，效果如图 7-7 所示。

步骤 **08** 选择"滤镜"|"滤镜库"命令，打开滤镜库，选择"木刻"滤镜效果，设置"色阶数"为 8、"边缘简化度"为 6、"边缘逼真度"为 3，如图 7-8 所示。

图 7-3 单击"亮度 / 对比度"按钮

图 7-4 设置各参数

图 7-5 图像效果

图 7-6 得到"图层 1"图层

图 7-7 将图像转化为小的彩块

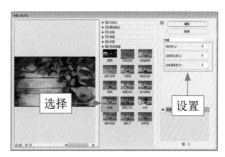

图 7-8 设置各参数

**专家提醒**

　　滤镜是一种插件模块，能够对图像中的像素进行操作，也可以模拟一些特殊的光照效果或带有装饰性的纹理效果。Photoshop CC 2017提供了多种滤镜，使用这些滤镜，用户无须耗费大量的时间和精力就可以快速地制作出云彩、马赛克、素描、光照以及各种扭曲效果。

　　滤镜是 Photoshop 的重要组成部分，它就像是一个魔术师。如果没有滤镜，Photoshop 就不会成为图像处理领域的领先软件，因此滤镜对于每一个使用 Photoshop 的用户而言，都具有很重要的意义。滤镜可能是作品的润色剂，也可能是作品的腐蚀剂，到底扮演的是什么角色，取决于操作者如何使用滤镜。

　　**步骤 09** 单击"确定"按钮，即可应用"木刻"滤镜，制作出扁平化风格的背景，效果如图 7-9 所示。

　　**步骤 10** 运用移动工具将素材图像拖曳至背景图像编辑窗口中，适当调整图像的大小和位置，效果如图 7-10 所示。

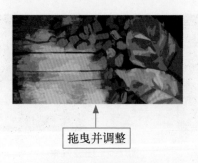

拖曳并调整

图 7-9　应用"木刻"滤镜效果　　　　图 7-10　图像效果

## 7.1.2　制作店招文字与标志效果

　　一个商店的招牌，是不可能没有文字说明和标志的，微信公众号平台上的微店也是如此。下面介绍制作店招文字和标志效果的方法。

　　**步骤 01** 选取工具箱中的矩形选框工具，在图像编辑窗口中的适当位置绘制一个矩形选框，设置前景色为白色（RGB 参数值均为 255），如图 7-11 所示。

**步骤** 02　新建一个图层，为选区填充白色并取消选区，设置图层的"不透明度"为 76%，效果如图 7-12 所示。

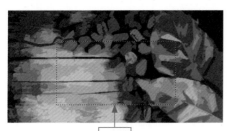

绘制

填充

图 7-11　绘制矩形选框　　　　　图 7-12　填充颜色和设置"不透明度"参数

**步骤** 03　选取工具箱中的矩形工具，在工具属性栏中设置"填充"为无、"描边"为白色（RGB 参数值均为 255）、"描边宽度"为 15 点，在图像编辑窗口中的适当位置绘制一个矩形，并设置"不透明度"为 80%，如图 7-13 所示。

**步骤** 04　选取工具箱中的横排文字工具，在"字符"面板中设置"字体系列"为"Adobe 黑体 Std"、"字体大小"为 25 点、"设置所选字符的字距调整"为 -50、"颜色"为暗橙色（RGB 参数值分别为 196、70、1），并激活仿粗体图标，在图像编辑窗口中输入文字，如图 7-14 所示。

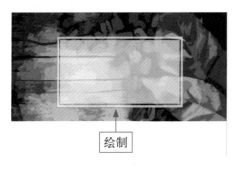

绘制

输入

图 7-13　绘制矩形并设置"不透明度"参数　　　　图 7-14　输入文字

**步骤** 05　复制刚刚输入的文字，移至合适位置，在"字符"面板中设置"大小"为 11 点、"设置所选字符的字距调整"为 25、"颜色"为咖啡色（RGB 参数值分别为 155、85、24），并修改文字内容，如图 7-15 所示。

**步骤** 06　选取工具箱中的矩形工具，在工具属性栏中设置"选择工具模式"为"形状"、"填充"为白色（RGB 参数值均为 255）、"描边"为灰色（RGB

参数值均为 83）、"描边宽度"为 1 像素，在图像编辑窗口中的适当位置绘制一个矩形，如图 7-16 所示。

图 7-15　修改文字内容

图 7-16　绘制矩形

步骤 07　按 Ctrl+O 组合键打开"标志按钮素材 .psd"素材图像，运用移动工具将素材图像拖曳至背景图像编辑窗口中，适当调整图像位置，效果如图 7-17 所示。

步骤 08　选取工具箱中的横排文字工具，在"字符"面板中设置"字体系列"为"方正细黑—简体"、"字体大小"为 15 点、"设置所选字符的字距调整"为 –50、"颜色"为深灰色（RGB 参数值均为 30），在图像编辑窗口中输入文字，如图 7-18 所示。

图 7-17　拖曳图像

图 7-18　输入文字

**步骤 09**　复制刚刚输入的文字，并移动至合适位置，在"字符"面板中设置"字体大小"为11点、"设置所选字符的字距调整"为–100、"颜色"为灰色（RGB参数值均为153），运用横排文字工具修改文本内容，如图7-19所示。

**步骤 10**　选取工具箱中的横排文字工具，在"字符"面板中设置"字体系列"为"方正细黑—简体"、"字体大小"为10点、"行距"为11点、"设置所选字符的字距调整"为–100、"颜色"为灰色（RGB参数值均为100），在图像编辑窗口中输入文字，如图7-20所示。

图 7-19　修改文本内容

图 7-20　输入文字

## 7.1.3　吸睛的微店店招界面效果

店招界面作为进入微店第一眼看到的内容，对用户的进店体验和吸引力是有着重要影响的。下面介绍制作微店店招界面效果的方法。

**步骤 01**　选中除"背景"图层外的所有图层，按Ctrl+G组合键，为图层编组，得到"组1"图层组，如图7-21所示。

**步骤 02**　按Ctrl+O组合键，打开"微店界面1.jpg"素材图像，切换至背景图像编辑窗口，运用移动工具将图层组的图像拖曳至刚打开的图像编辑窗口中，适当调整图像的位置，效果如图7-22所示。

图 7-21　得到"组1"图层组

图 7-22　图像效果

# 7.2　微店商品简介区设计：展示美的一面

在制作商品简介区时，运用带有吸引力的文字制作出顶部的广告区效果，再用多张精美的图片制作出展示区，并添加说明性文字，即可完成设计。微店商品简介区设计得好，能够吸引更多消费者查看商品并购买。

## 7.2.1　制作简介区顶部广告效果

商品简介区是由不同的部分组成的，如顶部广告区、商品展示区等。下面首先来介绍制作微店商品简介区顶部广告效果的方法。

步骤 01　选择"文件"|"新建"命令，弹出"新建文档"对话框，设置"名称"为"商品简介区设计"、"宽度"为1080像素、"高度"为1000像素、"分辨率"为300像素/英寸、"颜色模式"为"RGB颜色"、"背景内容"为"白色"，单击"创建"按钮，新建一个空白图像，如图7-23所示。

步骤 02　新建一个图层，选取工具箱中的矩形选框工具，在图像编辑窗口中的合适位置绘制一个矩形选区，如图7-24所示。

步骤 03　设置前景色为黑色（RGB参数值均为0），为选区填充前景色并取消选区，如图7-25所示。

**步骤** 04　　选择"滤镜"|"杂色"|"添加杂色"命令，弹出"添加杂色"对话框，设置"数量"为 16.8%，选中"高斯分布"单选按钮和"单色"复选框，如图 7-26 所示。

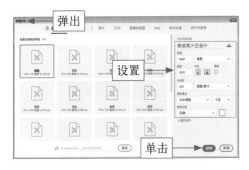

图 7-23　"新建文档"对话框

图 7-24　绘制矩形选区

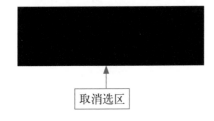

图 7-25　为选区填充前景色并取消选区

图 7-26　设置参数

**专家提醒**

"杂色"滤镜组中包含 5 种滤镜，其中"减少杂色"滤镜与"添加杂色"滤镜的功能正好相反。"减少杂色"滤镜可以有效减少照片中的杂色。在使用相机拍照时，如果感光度较大、曝光不足或用较慢的快门速度在黑暗区域中拍照，有可能会出现杂色，此时可运用"减少杂色"滤镜去除照片中的杂色。

**步骤** 05　　单击"确定"按钮，即可应用"添加杂色"滤镜，制作出带有纹理效果的背景，如图 7-27 所示。

步骤 06 按 Ctrl+O 组合键，打开"商品素材 1.jpg"素材图像，按 Ctrl+J 组合键复制"背景"图层，得到"图层 1"图层，并隐藏"背景"图层，如图 7-28 所示。

图 7-27 应用"添加杂色"滤镜　　　　图 7-28 得到"图层 1"图层

步骤 07 选取工具箱中的魔棒工具，在工具属性栏中设置"容差"为 1，在图像背景的白色区域单击鼠标左键，创建选区，效果如图 7-29 所示。

步骤 08 按 Delete 键，删除选区内的图像，运用移动工具将素材图像拖曳至背景图像编辑窗口中，适当调整图像的大小与位置，并为"图层 2"图层添加默认的"投影"图层样式，效果如图 7-30 所示。

图 7-29 创建选区　　　　图 7-30 添加"投影"图层样式

步骤 09 选取工具箱中的横排文字工具，在"字符"面板中设置"字体系列"为"方正兰亭超细黑简体"、"字体大小"为 17 点、"颜色"为白色（RGB 参数值均为 255），并激活仿粗体图标，如图 7-31 所示。

步骤 10 在图像编辑窗口中输入文本，并移动至合适位置，效果如图 7-32 所示。

图 7-31　设置"字符"选项

图 7-32　输入文字

步骤 11　复制刚刚输入的文字，运用移动工具将其移至合适位置，设置"字体"大小为 8.5 点，运用横排文字工具修改文本内容，效果如图 7-33 所示。

步骤 12　新建图层，选取工具箱中的矩形选框工具，在图像编辑窗口中绘制一个矩形选框，填充灰色（RGB 参数值均为 226）并取消选区，效果如图 7-34 所示。

图 7-33　修改文本内容

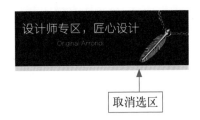

图 7-34　填充灰色并取消选区

## 7.2.2　制作微店商品展示区效果

前文介绍了微店商品简介区顶部广告效果的制作，接下来将介绍商品展示区的制作方法，帮助读者了解怎样才能设计出好看的商品效果。

步骤 01　按 Ctrl+O 组合键打开"商品素材 2.jpg"素材图像，运用移动工具将素材图像拖曳至背景图像编辑窗口中，适当调整图像的位置，效果如图 7-35

所示。

步骤 02 选取工具箱中的横排文字工具，在"字符"面板中设置"字体系列"为"微软雅黑"、"字体大小"为5.5点、"颜色"为灰色（RGB 参数值均为42），在图像编辑窗口中输入文字，如图 7-36 所示。

图 7-35 拖曳图像 　　　　　　　　　　图 7-36 输入文本

步骤 03 选取工具箱中的横排文字工具，在"字符"面板中设置"字体系列"为"微软雅黑"、"字体大小"为6.5点、"颜色"为红色（RGB 参数值分别为211、30、45），在图像编辑窗口中输入文字，如图 7-37 所示。

步骤 04 选取工具箱中的椭圆工具，在工具属性栏中"填充"为无、"描边"为浅灰色（RGB 参数值均为220）、"描边宽度"为1像素，在图像编辑窗口中的适当位置绘制一个椭圆，如图 7-38 所示。

图 7-37 输入文字

图 7-38 绘制椭圆

步骤 05 　选取工具箱中的直线工具，在工具属性栏中设置"填充"为红色（RGB 参数值分别为 211、30、45）、"粗细"为 4 像素，绘制直线，如图 7-39 所示。

步骤 06 　复制"形状 1"图层，得到"形状 1 拷贝"图层，按 Ctrl+T 组合键，调出变换控制框，在工具属性栏中设置"旋转"为 90 度，按 Enter 键确认变换，如图 7-40 所示。

图 7-39　绘制直线

图 7-40　确认变换

步骤 07 　展开"图层"面板，选中相应图层，如图 7-41 所示。

步骤 08 　按 Ctrl+G 组合键为图层编组，并重命名为"商品信息 1"，如图 7-42 所示。

图 7-41　选中相应图层

图 7-42　重命名图层组

步骤 09 按 Ctrl+O 组合键，打开"商品素材 3.jpg"素材图像，运用移动工具将素材图像拖曳至背景图像编辑窗口中，适当调整图像的位置，效果如图 7-43 所示。

步骤 10 复制"商品信息 1"图层组，得到"商品信息 1 拷贝"图层组，将图像移动至合适位置，如图 7-44 所示。

图 7-43 拖曳和调整图像

图 7-44 移动图像

步骤 11 选取工具箱中的横排文字工具，修改相应文本内容，效果如图 7-45 所示。

步骤 12 选取工具箱中的直线工具，在工具属性栏中设置"填充"为灰色（RGB 参数值均为 226）、"粗细"为 2 像素，在商品图片中间绘制一条直线，效果如图 7-46 所示。

图 7-45 修改相应文本内容

图 7-46 绘制直线

**专家提醒**

　　直线工具是用来创建直线和带有箭头的线段的工具。选择该工具后，单击并拖曳鼠标可以创建直线和线段，按住 Shift 键，可以创建水平、垂直或以 45 度角为增量的直线。

　　直线工具不仅可以绘制直线，还可以绘制箭头，单击"粗细"左侧的下拉按钮，会弹出相应列表，在此下拉列表中，可以设置箭头的选项。

## 7.2.3　助力营销的展示区界面效果

　　微店商品展示区是微店中为用户提供商品信息的区域，也是用户进入商品详情页面的入口，因此，设计一个好的微店展示区界面效果非常重要。下面就介绍制作微店展示区界面效果的方法。

　　步骤 01　　选中除"背景"图层外的所有图层，按 Ctrl+G 组合键，为图层编组，得到"组 1"图层组，如图 7-47 所示。

　　步骤 02　　按 Ctrl+O 组合键，打开"微店界面 2.jpg"素材图像，运用移动工具将图层组的图像拖曳至刚打开的图像编辑窗口中，适当调整图像的位置，效果如图 7-48 所示。

图 7-47　得到"组 1"图层组

图 7-48　图像效果

# 7.3　美妆店面设计：提供购买的视觉动力

在网络店铺中，网络服务提供商对店铺中的各种模块进行了一个初步的规划，店家只需要对每一个模块进行精致的设计和美化，让单一的页面呈现出丰富多彩的视觉效果，就可以让店铺展现出自己的特色，如美妆微店店面。

美妆微店界面使用淡黄色作为背景色调，并搭配蓝色，可以营造出一种清新、淡雅的视觉效果。

## 7.3.1　制作首页欢迎模块效果

用户可以从店招与首页上的各式图案中，了解到微店的主要营业方向，也有些首页会标明商品的优惠价格。下面介绍制作美妆店面首页欢迎模块效果的方法。

**步骤 01**　按 Ctrl+N 组合键，弹出"新建文档"对话框，设置"名称"为"美妆微店界面设计"、"宽度"为 1440 像素、"高度"为 3200 像素、"分辨率"为 300 像素 / 英寸、"颜色模式"为"RGB 颜色"、"背景内容"为"白色"，单击"创建"按钮，新建一个空白图像，如图 7-49 所示。

**步骤 02**　设置前景色为淡黄色（RGB 参数值分别为 245、236、202），如图 7-50 所示，按 Alt+Delete 组合键，为"背景"图层填充前景色。

**步骤 03**　新建"图层 1"图层，运用矩形选框工具在合适位置创建一个矩形选区，如图 7-51 所示。

**步骤 04**　运用渐变工具为选区填充前景色到白色的线性渐变，并取消选区，效果如图 7-52 所示。

图 7-49　"新建文档"对话框

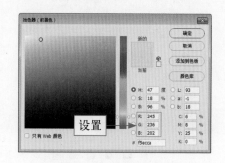

图 7-50　设置前景色

图 7-51　创建矩形选区

图 7-52　填充前景色并取消选区

**步骤 05**　打开 "LOGO.psd" 素材图像，运用移动工具将素材图像拖曳至背景图像编辑窗口中的合适位置处，效果如图 7-53 所示。

**步骤 06**　选取工具箱中的直线工具，设置 "填充" 颜色为暗黄色（RGB 参数值分别为 214、180、91）、"粗细" 为 5 像素，在图像中的合适位置绘制一条直线，如图 7-54 所示。

**步骤 07**　栅格化形状图层，运用椭圆选框工具在直线上创建一个椭圆选区，并按 Delete 键删除选区内的图像，新建 "图层 2" 图层，为选区添加描边，设置 "宽度" 为 2 像素、"颜色" 为暗黄色（RGB 参数值分别为 214、180、91），选中 "内部" 单选按钮，并取消选区，效果如图 7-55 所示。

**步骤 08**　打开 "按钮 .psd" 素材图像，运用移动工具将素材图像拖曳至背景图像编辑窗口中的合适位置，效果如图 7-56 所示。

图 7-53　拖曳图像效果

图 7-54　绘制直线

图 7-55　"图层 2"图层效果

图 7-56　拖曳图像

**步骤 09**　新建"图层 4"图层，运用矩形选框工具在合适位置绘制一个矩形选区，如图 7-57 所示。

**步骤 10**　选取工具箱中的渐变工具，设置渐变色为白色到蓝色（RGB 参数值分别为 86、200、236），如图 7-58 所示。

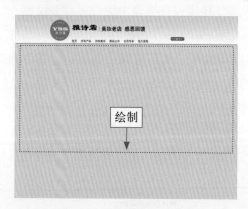

图 7-57　绘制矩形选区

图 7-58　设置渐变色

**步骤 11**　在工具属性栏中单击"径向渐变"按钮，在选区内单击并拖曳鼠标填充渐变色，按 Ctrl+D 组合键，取消选区，效果如图 7-59 所示。

**步骤 12**　打开"商品图片 1.psd"素材图像，运用移动工具将素材图像拖曳至背景图像编辑窗口中的合适位置，如图 7-60 所示。

**步骤 13**　复制商品图层，将其进行垂直翻转并调整至合适位置；为拷贝的图层添加图层蒙版，并填充黑色到白色的线性渐变；设置图层的"不透明度"为 30%，并将图层调至"图层 5"图层下方，效果如图 7-61 所示。

**步骤** 14　打开"首页链接.psd"素材图像，运用移动工具将素材图像拖曳至背景图像编辑窗口中的合适位置，如图 7-62 所示。

图 7-59　取消选区

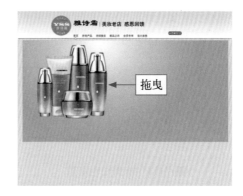

图 7-60　拖曳素材图像

图 7-61　图像效果

图 7-62　拖曳素材图像

## 7.3.2　制作商品促销方案效果

促销是一种重要的营销方式，特别是随着互联网和移动互联网的发展，设计一种合理、有效的促销形式，可以在很大程度上推进营销目标的完成。下面介绍制作美妆微店的促销方案效果的方法。

**步骤** 01　运用矩形工具在欢迎模块下方绘制一个红色（RGB 参数值分别为 250、14、76）矩形，如图 7-63 所示。

**步骤** 02　用同样的方法绘制一个白色矩形，并适当调整其位置，如图 7-64 所示。

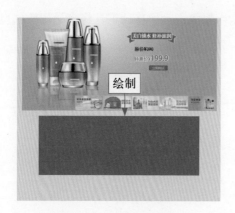

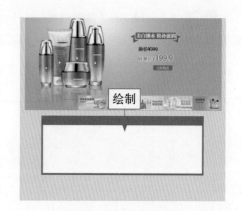

图 7-63 绘制红色矩形　　　　　　　　图 7-64 绘制白色矩形

**步骤 03**　　打开"商品图片2.psd"素材图像，运用移动工具将素材图像拖曳至背景图像编辑窗口中的合适位置，如图7-65所示。

**步骤 04**　　选取横排文字工具，设置"字体系列"为"方正粗宋简体"、"字体大小"为8点、"设置所选字符的字距调整"为600、"颜色"为白色，在图像上输入相应文字，如图7-66所示。

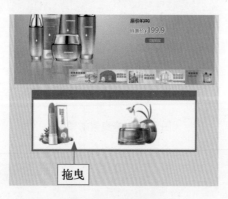

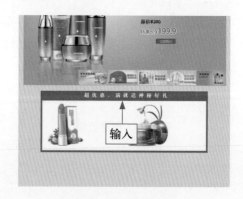

图 7-65 拖曳图像　　　　　　　　图 7-66 输入文字

**步骤 05**　　运用矩形工具在适当位置绘制一个红色（RGB参数值分别为250、14、76）的矩形，在"字符"面板中设置"字体系列"为"黑体"、"字体大小"为4点、"设置所选字符的字距调整"为500、"颜色"为白色，激活"仿粗体"图标，运用横排文字工具在图像上输入相应文字，如图7-67所示。

**步骤 06**　　打开"文字1.psd"素材图像，运用移动工具将素材图像拖曳至背景图像编辑窗口中的合适位置，如图7-68所示。

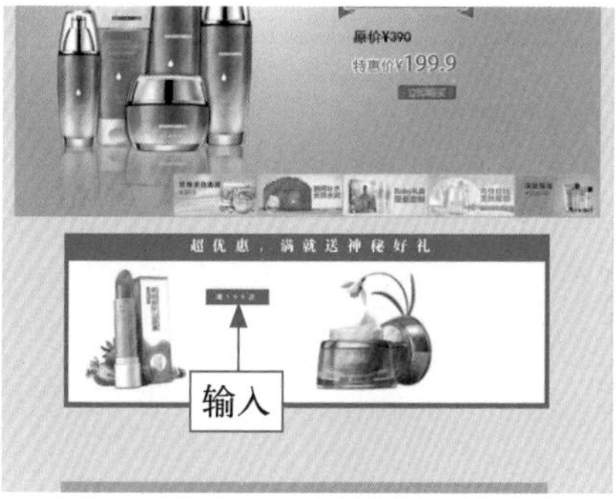


图 7-67　输入文字

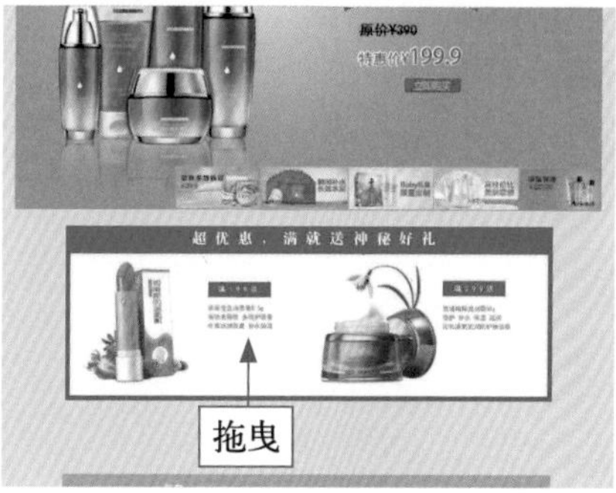


图 7-68　拖曳图像

**步骤 07**　选取横排文字工具，设置“字体系列”为“黑体”、“字体大小”为 15 点、“设置所选字符的字距调整”为 500、“颜色”为红色（RGB 参数值分别为 250、14、76），在图像上输入相应文字，如图 7-69 所示。

**步骤 08**　选取工具箱中的直线工具，设置“填充”为灰色（RGB 参数值均为 215）、“粗细”为 2 像素，在图像中绘制一条直线，如图 7-70 所示。

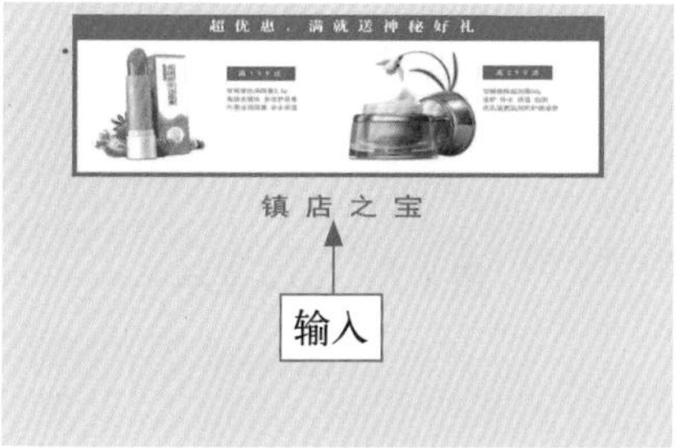


图 7-69　输入文字

图 7-70　绘制直线

**步骤 09**　选取横排文字工具，设置“字体系列”为“黑体”、“字体大小”为 6 点、“颜色”为黑色，输入相应文字，如图 7-71 所示。

**步骤 10**　复制“矩形 1 图层”，得到“矩形 1 拷贝”图层，修改颜色为紫色（RGB 参数值分别为 197、190、255），并适当调整其大小和位置，如图 7-72 所示。

**步骤 11**　打开“展示区 1.psd”素材图像，运用移动工具将素材图像拖曳至背景图像编辑窗口中，并调整其大小和位置，效果如图 7-73 所示。

**步骤 12**　选取横排文字工具，设置“字体系列”为“方正粗宋简体”、“字体大小”为 10 点、“颜色”为白色，在图像上输入相应文字，如图 7-74 所示。

图 7-71　输入文字

图 7-72　调整大小和位置

图 7-73　拖曳和调整图像

图 7-74　输入文字

**专家提醒**

　　输入文字时如果要换行，可以直接按 Enter 键。

　　如果要移动文字的位置，可以将光标放在字符以外，当鼠标指针
呈 ⬚ 状时，单击鼠标左键并拖曳，即可移动文字。

　　步骤 13　设置前景色为淡黄色（RBG 参数值分别为 255、232、126），
运用圆角矩形工具绘制一个"半径"为 10 像素的圆角矩形，如图 7-75 所示。

　　步骤 14　选取横排文字工具，设置"字体系列"为"黑体"、"字体大小"
为 6 点、"设置所选字符的字距调整"为 200、"颜色"为红色（RGB 参数值分
别为 243、41、96），在图像上输入相应文字，如图 7-76 所示。

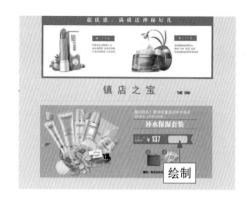

图 7-75 绘制圆角矩形　　　　图 7-76 输入文字

**步骤 15** 打开"展示区 2.psd"素材图像，运用移动工具将素材图像拖曳至背景图像编辑窗口中的合适位置，效果如图 7-77 所示。

**步骤 16** 创建"标题栏"图层组，将前面制作的标题栏相关图层移至其中，如图 7-78 所示。

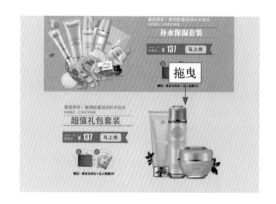

图 7-77 拖曳图像　　　　图 7-78 移动图层

**步骤 17** 复制"标题栏"图层组，将复制后的图像移动至合适位置，运用横排文字工具修改相应的文字内容，效果如图 7-79 所示。

**步骤 18** 打开"背景 .jpg"素材图像，运用移动工具将素材图像拖曳至背景图像编辑窗口中的合适位置，如图 7-80 所示。

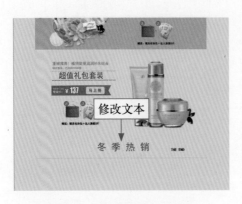

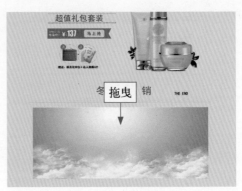

图 7-79　修改相应的文字内容　　　　　图 7-80　拖曳图像

**步骤 19**　在"图层9"图层上单击鼠标右键，在弹出的快捷菜单中选择"混合选项"命令；打开"图层样式"对话框，选中"投影"复选框，设置"不透明度"为75%、"角度"为120、"距离"为5像素、"扩展"为0%、"大小"为5像素，单击"确定"按钮，即可应用"投影"图层样式，如图 7-81 所示。

**步骤 20**　打开"商品图片 3.psd"素材图像，运用移动工具将素材图像拖曳至背景图像编辑窗口中的合适位置，如图 7-82 所示。

图 7-81　应用"投影"图层样式　　　　　图 7-82　拖曳图像

**步骤 21**　选择"滤镜"|"渲染"|"镜头光晕"命令，弹出"镜头光晕"对话框，设置"镜头类型"为"50—300毫米变焦"，适当移动镜头焦点，如图 7-83 所示。

**步骤 22**　单击"确定"按钮，应用"镜头光晕"滤镜，效果如图 7-84 所示。

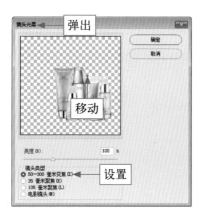

图 7-83　"镜头光晕"对话框

图 7-84　应用"镜头光晕"滤镜效果

**专家提醒**

"镜头光晕"对话框中的各主要选项含义如下。

◆ 光晕中心：在对话框的图像缩览图上单击或拖动十字线，可指定光晕中心。

◆ "亮度"选项：用来控制光晕的强度，变化范围为 10% ～ 300%。

◆ "镜头类型"选项：用来选择产生光晕的镜头类型。

步骤　23　选取横排文字工具，设置"字体系列"为"华文行楷"、"字体大小"为 18 点、"颜色"为粉色（RGB 参数值分别为 255、115、128），激活仿粗体图标，在图像上输入相应文字，效果如图 7-85 所示。

步骤　24　选择"图层"|"图层样式"|"描边"命令，打开"图层样式"对话框，设置"大小"为 5 像素、"位置"为外部、"不透明度"为 100%、"颜色"为白色（RGB 参数值均为 255），如图 7-86 所示。

步骤　25　选中"投影"复选框，设置"不透明度"为 75%、"角度"为 120 度、"距离"为 13 像素、"扩展"为 20%、"大小"为 8 像素，单击"确定"按钮，即可为文字添加相应的图层样式，效果如图 7-87 所示。

步骤　26　打开"文字 2.psd"素材图像，运用移动工具将素材图像拖曳至背景图像编辑窗口中的合适位置，效果如图 7-88 所示。

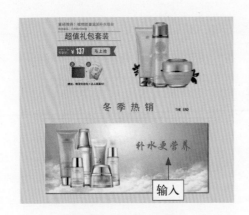

图 7-85　输入文字效果

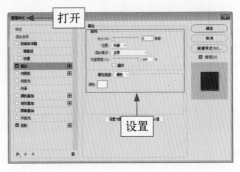

图 7-86　设置"描边"图层样式参数

图 7-87　添加图层样式

图 7-88　拖曳图像

# 第 8 章
## 查看数据：从客观出发探索运营真实情况

有些运营者会感到疑惑，同样努力了，为什么运营效果千差万别呢？其中的一个重要原因就是你还没有找到用户真正需要什么。而不同类型的账号，用户也是不同的，这就需要利用公众号后台的客观数据去找寻真相，最终找到成功运营的解决办法。

 **要点展示**

◆ 数据分析：知晓情由，功莫大焉
◆ 用户数据：绘制精准的用户画像
◆ 图文数据：找准渠道推送优质内容
◆ 消息数据：找到用户需求的关键点
◆ 菜单数据：明白用户需要什么

# 8.1　数据分析：知晓情由，功莫大焉

众所周知，相对于传统互联网而言，移动互联网最大的特点就是"随时随地满足个性化的需求"。所有的商业模式，都是围绕着"随身随时随需"这一特点来做文章的。

## 8.1.1　4项数据，助你将粉丝套牢

微信已经成为时下一个重要的营销平台。从微信公众平台后台开发出的一套数据分析系统，就可以看出，对于微信运营者来说，这套数据分析系统能够帮助他们实现更为精准化的营销。

很多微信公众平台运营者看到后台的数据，不知从何入手。其实这些数据能够给运营者带来很多启示，关键看运营者会不会解读这些数据。

微信公众平台数据分析的第一个原因是要将粉丝套牢。要套牢粉丝，运营者务必关注以下4项数据。

### 1．用户增长数据：认识粉丝认可度

对于微信公众平台的运营，众所周知，所有的建设和发展都必须建立在微信粉丝群上，没有足够数量的粉丝群体，再多的努力也是白费。因此，微信公众号的运营者要特别关心用户的动态，了解用户的数量变化就是很好的切入点。

在平时，微信运营者可能还看不出这些数据的变化，但是当微信平台推出了新的计划后，这些用户数量的变化便能够反映新计划的效果，让微信运营人员根据这些数据总结经验，查漏补缺。

### 2．用户数据：构筑起用户画像

了解粉丝的重要性，其实就是市场上各行各业对目标用户群体定位的重要性，在互联网时代，谁拥有更多的粉丝量，谁就能更快地取得商机，获取盈利。

但是，仅仅拥有一定的粉丝数量还是不够的，还要懂得粉丝的心理，通过一系列的后台数据构建用户画像，才能为微信运营提供更多的决策依据，让企业的决策达到精准度高、成本低和效果好的目的。

而一个好的决策依据，能够促进用户的忠诚度，实现吸引粉丝的效应，因此，构建用户画像、制定更好的决策、实现增粉是一个良性的生态循环。

### 3．内容数据：找不足赢得粉丝

微信后台的图文数据分析，能够帮助运营者找出图文信息的不足，从而打造出更吸引粉丝的内容。

如果一篇文章，不仅阅读量达到了一定的数量，而且转发量也非常高，那就说明用户对文章的内容非常感兴趣，当他们将文章转发分享到自己的朋友圈时，他们的朋友也会看到这些文章，如果他们的朋友也对文章的内容感兴趣，就很有可能多次进行转载和传播，从而让文章的传播范围更广。

反之，如果一篇文章的阅读量、转发量都不高，那就说明文章还有很多需要改进的地方。运营者可以通过图文数据来判断出用户的喜好情况，然后打造更受用户欢迎的内容，这样就能赢得更多粉丝了。

### 4．消息数据：准确了解粉丝需求

从用户发来的消息中，可以看出用户的直接需求，比如用户发送关键词"假期优惠"，说明用户想要了解企业的"假期优惠"政策，或者与"假期优惠"相关的一些信息。因此，通过后台的用户消息数据，企业可以了解到用户的诸多需求。

**专家提醒**

用户画像在各领域都用得非常广泛，它是一种勾画目标用户，对用户行为习惯、属性、特点等进行分析的工具。微信运营者在对用户属性数据进行分析的时候，就能够勾勒出目标用户画像和需求结构，为平台运营创造更好的条件。

## 8.1.2　4大平台，助你启动热点营销

想要做好微信公众运营，就必须了解到一些热点、打开营销道路的方式。只有平台本身聚集了话题和热点，才能获得用户的关注。而想要获得这些热点，就必须结合各个平台的数据排行榜来进行分析，这也是数据分析的第二个重要原因：打开热点营销的开关。下面将举例介绍一些常见的找寻热点的平台和方式，以供大家参考。

### 1．百度指数：分析趋势

百度指数是互联网时代最重要的数据分享平台之一，该平台是基于百度用户

行为数据建立起来的平台，通过对传播效果等数据和信息的分析，以科学的图谱方法呈现在人们面前。

如果企业想要了解某个热点的火热程度，只要在百度指数查询栏里输入热点关键词即可。如果企业遇到了好几个同类的热点，不知道哪个热点更受关注，可以在热点关键词后面添加对比词，然后查看哪一个热点的关注指数更好一些。

总的来说，通过百度指数，用户可以了解到如图 8-1 所示的信息。

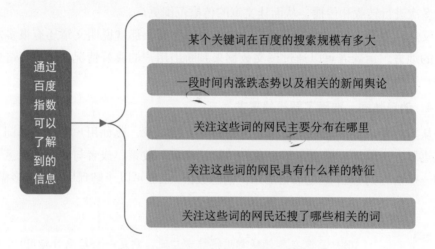

通过百度指数可以了解到的信息

- 某个关键词在百度的搜索规模有多大
- 一段时间内涨跌态势以及相关的新闻舆论
- 关注这些词的网民主要分布在哪里
- 关注这些词的网民具有什么样的特征
- 关注这些词的网民还搜了哪些相关的词

图 8-1　通过百度指数可以了解到的信息

### 2．微博热门话题：寻找热门

微博上的微话题，向人们展示了 1 小时内或者 24 小时内关注度比较高的热门事件。单击微博顶部的"发现"按钮，就能进入热门微博推荐界面，在"更多"列表中选择"话题"，就可看到相关的热门话题，如图 8-2 所示。

图 8-2　微话题界面

微信平台运营者可以根据自己平台运营的方向，找到自己关注的领域的微话题，然后将这个微话题嵌入到自己推送的消息中，就能提高用户的关注度和阅读量。

### 3．淘宝排行榜：关注产品行情

对于电商类或者以销售产品为主的微信公众平台来说，关注市场行情是很有必要的。这类微信平台要了解商品行情，就可以通过淘宝排行榜来查看。淘宝排行榜是对淘宝近百万个店铺前500名以及对商品性价比排行的一种导航。

淘宝排行榜上有两个榜单，一个是"今日关注上升榜"，还有一个是"一周关注热门榜"。如果运营者想要了解更多的信息，可以单击"完整榜单"按钮，进入更加详细的榜单页面。运营者还可以根据自身实际情况选择细分行业的商品种类，进而查看相关榜单情况。

### 4．百度搜索风云榜：反映兴趣和需求

百度搜索风云榜是基于数亿名网民搜索行为数据，以关键词为统计对象建立关键词排行榜的平台，该平台覆盖10余个行业类别，100多个榜单，能够直观地反映出互联网网民的兴趣和需求。

微信公众平台的运营者可以在百度搜索风云榜上查看网民关注的兴趣点，然后将热点与自己的微信公众平台内容结合起来并推送给用户，这样更容易引起用户点击阅读。

## 8.1.3　两项选择，助你把握内容方向

数据分析的第三个原因，就是能够帮助运营者对平台的内容有一个更好的把握。对于新手运营者来说，进行平台内容运营时，首先要了解平台内容的多种表现形式，如视频、图片和文字等，其次就是更深层次地掌握内容标题和正文的撰写方法。经过对多个平台数据的综合分析，运营者可以得知微信平台最受欢迎的标题和正文类型。

### 1．内容表现形式

微信公众平台用来发布正文的形式有多种，如图8-3所示，它们能给读者带来不同的阅读体验，丰富读者的阅读生活。

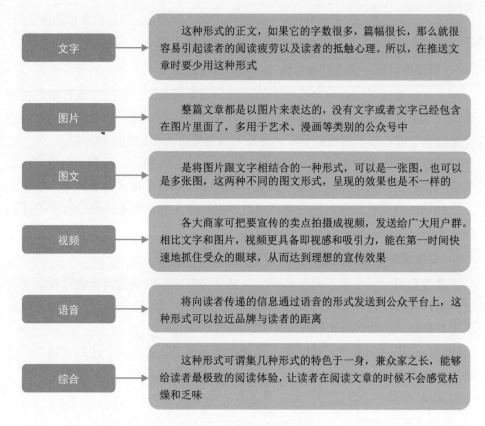

图 8-3　内容表现形式介绍

### 2. 受欢迎的标题和正文类型

除了在表达形式的选择上要慎重外，运营者还应该把更多注意力放在文章内容和标题的打造上。图 8-4 所示为利用数据分析得出的 7 种受欢迎的标题类型。图 8-5 所示为利用数据分析得出的 5 种受欢迎的正文类型。

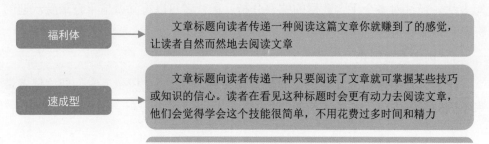

图 8-4　受欢迎的标题类型

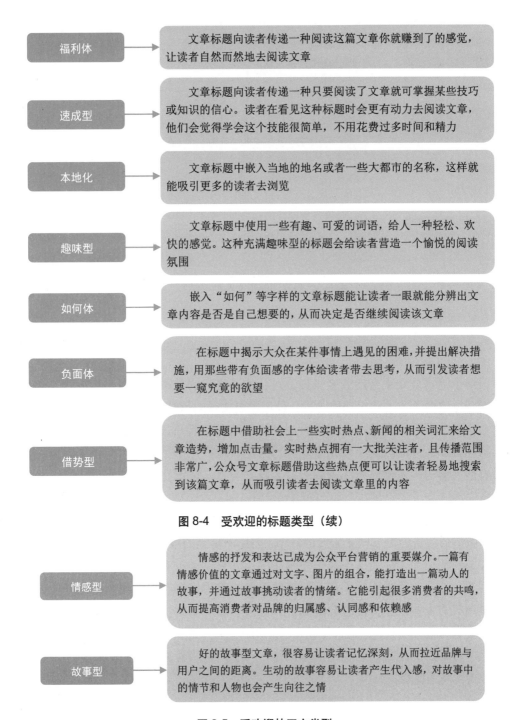

| 福利体 | 文章标题向读者传递一种阅读这篇文章你就赚到了的感觉，让读者自然而然地去阅读文章 |

| 速成型 | 文章标题向读者传递一种只要阅读了文章就可掌握某些技巧或知识的信心。读者在看见这种标题时会更有动力去阅读文章，他们会觉得学会这个技能很简单，不用花费过多时间和精力 |

| 本地化 | 文章标题中嵌入当地的地名或者一些大都市的名称，这样就能吸引更多的读者去浏览 |

| 趣味型 | 文章标题中使用一些有趣、可爱的词语，给人一种轻松、欢快的感觉。这种充满趣味型的标题会给读者营造一个愉悦的阅读氛围 |

| 如何体 | 嵌入"如何"等字样的文章标题能让读者一眼就能分辨出文章内容是否是自己想要的，从而决定是否继续阅读该文章 |

| 负面体 | 在标题中揭示大众在某件事情上遇见的困难，并提出解决措施，用那些带有负面感的字体给读者带去思考，从而引发读者想要一窥究竟的欲望 |

| 借势型 | 在标题中借助社会上一些实时热点、新闻的相关词汇来给文章造势，增加点击量。实时热点拥有一大批关注者，且传播范围非常广，公众号文章标题借助这些热点便可以让读者轻易地搜索到该篇文章，从而吸引读者去阅读文章里的内容 |

图 8-4 受欢迎的标题类型（续）

| 情感型 | 情感的抒发和表达已成为公众平台营销的重要媒介。一篇有情感价值的文章通过对文字、图片的组合，能打造出一篇动人的故事，并通过故事挑动读者的情绪。它能引起很多消费者的共鸣，从而提高消费者对品牌的归属感、认同感和依赖感 |

| 故事型 | 好的故事型文章，很容易让读者记忆深刻，从而拉近品牌与用户之间的距离。生动的故事容易让读者产生代入感，对故事中的情节和人物也会产生向往之情 |

图 8-5 受欢迎的正文类型

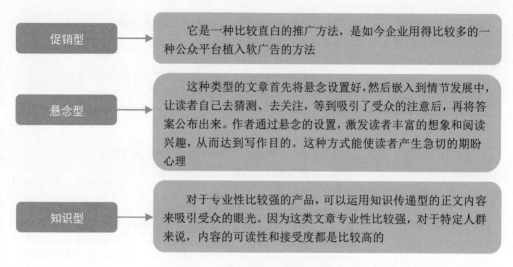

**图8-5 受欢迎的正文类型（续）**

## 8.1.4 更好地实现商业变现

对于微信公众平台运营者来说，运营的最终目的是赚取利益。当运营者通过数据分析掌握了上述几大动作之后，最后需要实现的就是商业变现了。

运营公众号平台是一个耗费时间、耗费精力的活儿，如果没有利润可言，谁愿意耗费那么多的时间、那么多的精力去运营这样一个平台呢？而正是因为它隐藏着巨大潜力，才会让那么多的运营者趋之若鹜，试图在激烈的竞争环境中占据一席之地。

而数据分析是实现商业变现的前提条件。这是为什么呢？

微信公众号运营有很多重要的环节，而前面提到的吸粉引流、打开营销道路、内容编写都是为了最后一个环节做铺垫的。如果平台没有优秀的内容、没有足够的粉丝、没有合适的营销渠道，就算做再多的努力也没有用。而数据分析是实现这些环节的重要前提，没有数据分析，运营者如何了解用户的喜好、怎么打造用户喜欢的内容？没有内容，自然无法吸引用户关注平台，也就无法实现商业变现。因此，数据分析是商业变现的前提条件，有了科学的数据分析作为基础，才能更好地实现商业变现。

# 8.2　用户数据：绘制精准的用户画像

微信公众营销已经成为时下营销的一种趋势，它的后台数据与用户的行为有着密切的关系，这种关系影响到微信公众平台营销的成功与否。本节就用户数据进行分析，以帮助读者去了解如何得出精准的用户画像和平台发展情况。

## 8.2.1　新增人数趋势图：判断宣传效果

在微信公众平台后台的"新增人数"趋势图中，运营者可选择"最近30天""最近15天"和"最近7天"这几个时间段对"新增人数"的趋势图进行查看。

下面是一幅"手机摄影构图大全"微信公众号表现新增人数趋势图，如图8-6所示。在该趋势图上，将鼠标指向不同的节点（日期点），还能够看到该日期下详细的新增人数数据，如图8-7所示。

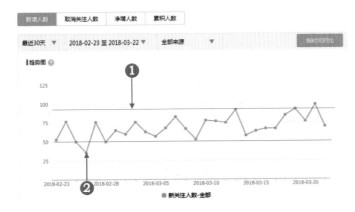

图8-6　微信公众平台新增人数趋势

分析上面两幅新增人数的趋势数据图有两方面的意义。

（1）观察新增人数的趋势，可以以此来判断不同时间段的宣传效果。

❶整体趋势：从图8-6中可以看出，平台的新关注人数趋势虽然有起有伏，但整体上还是比较平稳的，可见宣传推广不曾懈怠，即时常有吸引用户关注的推广活动，从而取得了非常不错的宣传效果。

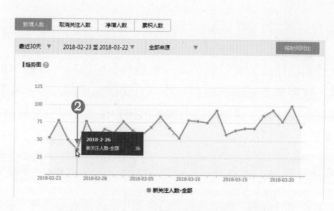

**图 8-7　显示具体日期数据的新增人数趋势**

（2）观察趋势图的"峰点"和"谷点"，可分析出不同寻常的效果出现的原因。

❷谷点：表示的是趋势图上突然下降的节点。它与"峰点"相对，都是趋势图中的特殊点，意味着平台推送可能产生了不同寻常的效果。

图 8-7 中的❷处，显示的是 2018 年 2 月 26 日的新关注人数，数值为 36 人。那么，为什么这一天的新关注人数呈现出"谷点"的趋势？此时就需要找出原因——是因为平台内容不吸引人、关键词布局不合理、文章标题没有吸引力，还是其他的原因。等查明原因后，公众号运营者就相当于积累了一次经验，以后可以避免出现类似的情况，从而不断地寻求更好的效果。

从平台发展情况方面来看，"新增人数"数据反映的是平台用户数量的变化。从用户的数量变化中，运营者可以得知如图 8-8 所示的信息。

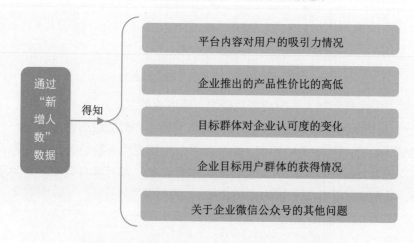

**图 8-8　微信用户群体的数量变化反映出的信息**

## 8.2.2 取消关注人数：一定要重视起来

"取消关注人数"也是微信运营者要着重考察的数据，因为维持一个老客户比增加一个新客户的成本要低得多。因此，如果微信公众号遭到了取消关注，那么运营者就一定要重视起来，尤其是那种持续"掉粉"的情况，运营者更加要分析其中的原因。

在"手机摄影构图大全"微信公众平台的后台，其"最近30天"的"取消关注人数"趋势图如图8-9所示。

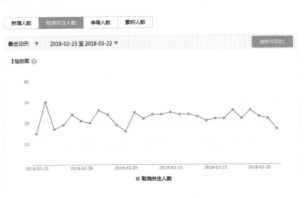

"取消关注人数"和"新增人数"的数据一样，都能够选择"最近7天""最近15天""最近30天"，或者自定义时间查看趋势图。

**图 8-9　"取消关注人数"趋势**

通过"取消关注人数"的数据，运营者就能了解每天有多少粉丝对微信公众平台取消了关注。一旦发现这个取消关注的趋势呈现出增长的情况，运营者就要格外注意了，要努力找出问题所在，然后尽可能避免这种趋势继续发展。

一般来说，用户取消关注微信公众平台的原因可能有很多种，下面总结了几种用户取消关注的原因，如图8-10所示。

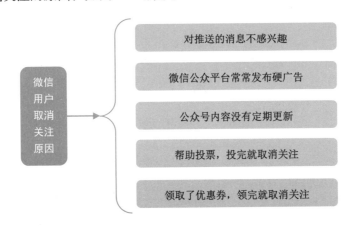

**图 8-10　微信用户取消关注微信公众号的原因**

**专家提醒**

通常来说，用户取消关注最大的原因是对推送的消息不感兴趣。如果微信公众平台的取消关注人数一直在增加，那么微信平台运营者就要从以上几个方面查找原因了，然后才能对症下药。

## 8.2.3　净增人数：对比不同时间的推广效果

微信公众平台后台的"净增人数"可以用来衡量一定时期内用户的净增情况。在考察了"新增人数"和"取消关注人数"之后，可能微信运营者还是不知道每天净增了多少用户，因此就可以通过"净增人数"趋势图来查看。

同时，净增人数也反映企业推广效果的好坏。假设企业在两个不同的时间点开展了不同内容的推广活动，那么就可以将这两个时间段的"净增人数"数据进行对比，从而判断不同的推广活动产生的不同效果。

图 8-11 所示为"手机摄影构图大全"微信公众号 2018 年 1 月 26 日~2 月 22 日和 2018 年 2 月 23 日~3 月 22 日之间的"净增人数"数据对比。

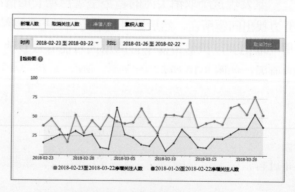

图 8-11　"净增人数"对比

## 8.2.4　地域分布：因地制宜的推广基础

2015 年 9 月，微信公众平台对用户的地理位置数据进行了优化，从而给微信管理者带来了极大的便利——提供省份和城市的用户分布情况。

### 1．省份分布

"省份分布图"能够让微信管理者看到微信粉丝在各省的分布情况。"省份分布图"区域的右边是省份对应用户数的具体数据，单击"用户数"旁边的三角形可以将用户数据进行从高到低或者从低到高的排序，让公众号运营者能够更方便地了解用户的分布情况。图8-12所示为用户数从高到低排列的省份分布图。

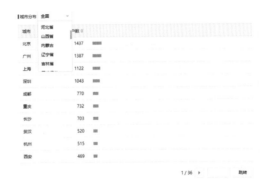

图 8-12　省份分布图

### 2．城市分布

"城市分布"的数据在"省份分布"数据的下方。运营者通过"城市分布"图可以查看全国用户的城市分布情况，也可以查看某个省的城市用户分布情况。单击"城市分布"旁边的三角形选项框，就会弹出可选的选项，如图8-13所示。

图 8-13　城市分布图

根据地域分布进行营销与运营的思路主要有以下几点，如图8-14所示。

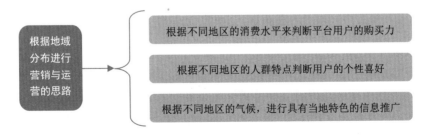

图 8-14　根据地域分布进行营销的思路

# 8.3　图文数据：找准渠道推送优质内容

图文消息是微信公众平台的根本，因为没有内容，就没有粉丝，也就没有微信公众号的运营。但是有了内容，没有数据分析，也是无济于事的。因此，微信后台为运营者推出了图文数据分析模块，帮助运营者对图文消息进行科学系统的分析。

## 8.3.1　单篇图文数据：了解更多详细信息

运营者进入微信公众平台，然后单击"图文分析"按钮，就能进入单篇图文统计页面，如图 8-15 所示。

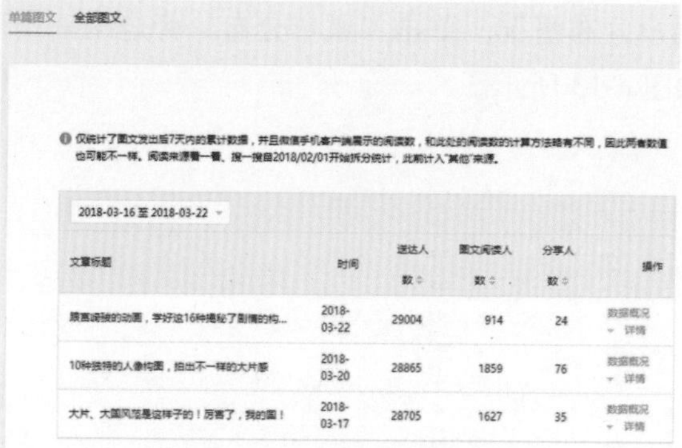

**图 8-15　单篇图文统计页面**

从图 8-15 中可以看出，"单篇图文"仅能统计 7 天内的图文数据，因此在设置自定义时间时，所选日期跨度不能超过 6 天，否则就无法进行查看。而运营者可以查看的内容包括文章标题、时间、送达人数、图文阅读人数、分享人数和操作等。

其实除了送达人数、图文阅读人数和分享人数之外，还有原文页阅读人数和转发人数这两项数据。

运营者单击"数据概况"按钮，就能进入数据概况页面，在该页面能够针对性地对每一篇图文消息进行数据分析。但是在进行数据分析之前，运营者必须搞懂以上几项数据的含义和关系。这几项数据的含义总结到一张图上以供读者参考，如图 8-16 所示。

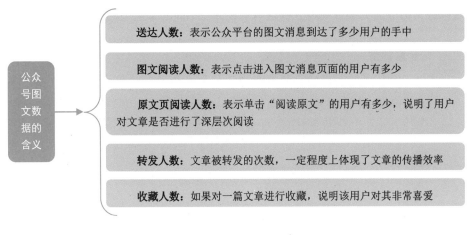

图 8-16　微信公众号图文数据的含义

从图 8-16 中可以看出，从送达人数到图文阅读人数，到原文页阅读人数，到转发人数，再到收藏人数，体现出来的传播效率和传播深度是越来越广、越来越深的，因此微信平台的运营者要对这几项数据进行系统的分析，而不是只看其中某一项数据。

运营者如果想了解单篇图文的转化率，就需要单击"详情"按钮，进入单篇图文的图文详情页面，了解图文信息的"送达""公众号会话阅读""从公众号分享到朋友圈""在朋友圈再次分享""在朋友圈阅读"等一系列转化率数据。图 8-17 所示为"手机摄影构图大全"的文章《跟宫崎骏的动画，学好这 16 种揭秘了剧情的构图！》的转化率数据详情。

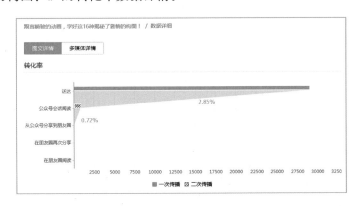

图 8-17　《跟宫崎骏的动画，学好这 16 种揭秘了剧情的构图！》转化率数据详情

在转化率下面，还有"图文页阅读次数""图文页阅读人数"的趋势图，运营

者可以根据趋势图更加直观地分析这两个数据在不同的渠道里的详细情况。

**专家提醒**

　　单篇图文的数据分析中还包括具体的阅读用户分布图，如性别
分布、机型分布和地域分布等，运营者可以从中了解更多详细信息。

## 8.3.2　全部图文之"日报"：不同日期情况

　　在微信后台中的"图文分析"功能里，有一个"全部图文"按钮，单击"全部图文"
按钮，就能进入全部图文分析页面。这个页面主要展示了以时间段来划分的图文
信息的综合情况。接下来主要介绍"日报"信息。

　　在"日报"中，首先看到的是"昨日关键指标"的相关数据内容。图 8-18 所
示为"手机摄影构图大全"的"昨日关键指标"数据。

**图 8-18　"昨日关键指标"数据**

　　从图 8-18 中可以看出，"手机摄影构图大全"昨日的图文信息中的相关数据，
包括图文总阅读次数、原文页阅读次数、分享转发次数和微信收藏人数。

　　同时在各指标的下面，还有以"日""周""月"为单位的百分比对比数据，
让运营者知道这些数据与 1 天前、7 天前和 30 天前的对比情况。

　　在"昨日关键指标"下方，是图文总阅读的阅读来源分析（如图 8-19 所示）。
图 8-20 所示为原文页阅读的趋势图。

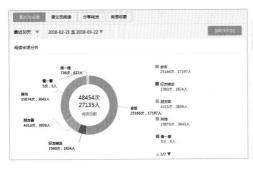

**图 8-19　图文总阅读的阅读来源分析**

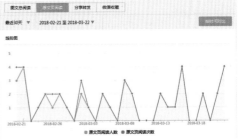

**图 8-20　原文页阅读趋势**

　　如果运营者想要知道各个来源或者各个时间的具体数据，只要将鼠标放在相应的地方就能知道，比如在图 8-19 中，想要知道"朋友圈"来源的人数占了多少百分比，只要将鼠标放在"朋友圈"相应的图形中，就会跳出相应人次和人数。比如在图 8-20 所示中，想要知道哪一天的原文页阅读人数和原文页阅读次数，只要将鼠标放在这一天的趋势线时间节点上，就能得到具体的数字。

　　如果想要和某个时间的数据进行对比，运营者只需单击图 8-19 或图 8-20 右上角的"按时间对比"按钮即可，并且还可以自定义时间。除此之外，运营者还可以知道"最近 7 天""最近 15 天""最近 30 天"的相关数据。

　　在"图文总阅读"下方，能看到各类渠道的"图文总阅读人数"和"图文总阅读次数"趋势图，这些渠道包括"全部渠道""公众号会话""好友转发""朋友圈""历史消息""看一看""搜一搜"以及"其他"，如图 8-21 所示。

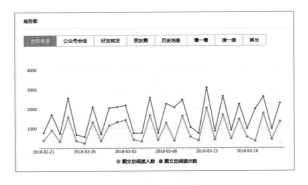

**图 8-21　渠道趋势**

　　在"日报"的最下面，是一个数据表格，通过这个表格，运营者能够了解不同日期的"图文总阅读""从公众号会话阅读""朋友圈阅读""分享转发"和"微信收藏人数"的人数和次数，同时，运营者单击右上角的"导出 Excel"按钮，就能导出表格。

## 8.3.3　全部图文之"小时报"：各时间点情况

图文的"小时报"是为了让微信运营者了解每个小时的图文总阅读人数和次数的，单击"小时报"按钮，就能进入"小时报"页面。与全部图文的"日报"不同，"小时报"是没有"昨日关键指标"的。

而提供的其他各种数据与"日报"一样，如图文总阅读的阅读来源分析、原文页阅读、分享转发和微信收藏的趋势图，以及各个渠道"图文总阅读"的人数和次数的趋势图。

最后，在"小时报"页面下方，显示的是不同时间点的"图文总阅读""公众号会话阅读""朋友圈阅读""分享转发"和"微信收藏人数"的人数和次数，运营者同样可以单击右上角的"导出 Excel"按钮导出表格，如图 8-22 所示。

| 时间 ⬦ | 小时 ⬆ | 图文总阅读 人数 ⬦ | 次数 ⬦ | 公众号会话阅读 人数 ⬦ | 次数 ⬦ | 朋友圈阅读 人数 ⬦ | 次数 ⬦ | 分享转发 人数 ⬦ | 次数 ⬦ | 微信收藏人数 人数 ⬦ | 次数 ⬦ |
|---|---|---|---|---|---|---|---|---|---|---|---|
| 2018-03-22 | 00:00 | 14 | 23 | 8 | 13 | 2 | 4 | 0 | 0 | 0 | 0 |
| | 01:00 | 8 | 17 | 5 | 13 | 1 | 1 | 0 | 0 | 1 | 1 |
| | 02:00 | 2 | 3 | 2 | 3 | 0 | 0 | 0 | 0 | 0 | 0 |
| | 03:00 | 5 | 12 | 2 | 3 | 0 | 0 | 0 | 0 | 0 | 0 |
| | 04:00 | 5 | 18 | 2 | 3 | 0 | 0 | 1 | 8 | 1 | 7 |
| | 05:00 | 7 | 43 | 2 | 3 | 1 | 1 | 1 | 30 | 1 | 29 |
| | 06:00 | 15 | 22 | 7 | 13 | 2 | 2 | 0 | 0 | 0 | 0 |
| | 07:00 | 9 | 10 | 6 | 6 | 1 | 1 | 0 | 0 | 0 | 0 |
| | 08:00 | 30 | 96 | 15 | 23 | 3 | 3 | 2 | 50 | 1 | 48 |
| | 09:00 | 21 | 39 | 11 | 14 | 1 | 3 | 1 | 7 | 1 | 5 |

1/3

**图 8-22　导出表格**

根据数据抽样的方式，运营者可以分析出最合适的发布时间，那如何进行抽样呢？就是随机地抽取几天时间，然后分析这几天不同时间点的数据情况，主要分析用户阅读次数和收藏次数等数据。运营者可进行多次抽样分析，这样能够避免特殊情况及由特殊情况导致的不准确结果。

# 8.4　消息数据：找到用户需求的关键点

用户发送的消息是运营者了解用户及其需求的重要入口和内容。因此，对微信公众平台后台提供的消息数据进行分析，可以在了解用户需求的基础上找到更准确的运营方向。

## 8.4.1　"月报"：判断用户的长期积极性

消息分析功能的最后一个功能模块就是"月报"。"月报"包括"关键指标详解""消息发送人数""消息发送次数"和"人均发送次数"这四大内容。"月报"主要用于判断微信用户是否具备长期的积极性。

图 8-23 所示为 2017 年 12 月 1 日~2018 年 3 月 22 日的"消息发送人数"数据的趋势图。

从图 8-23 可以看出，2017 年 12 月份和 2018 年 1 月份的消息发送人数维持在一个稳定的状态。但是 2018 年 3 月份的"消息发送人数"数据呈现骤减的趋势，这个时候，运营者要找出数据发生如此巨大变化的原因。

除了查看"消息发送人数"的趋势图，还可以切换到"消息发送次数""人均发送次数"选项，查看相应的指标趋势图。

在"关键指标详解"数据下，是"消息发送次数分布图"和"详细数据"数据表，如图 8-24 所示。

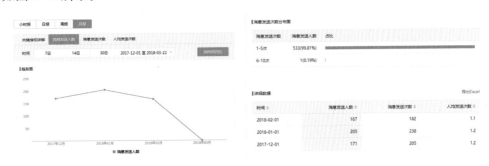

图 8-23　消息发送人数趋势　　　图 8-24　消息发送次数分布图和详细数据

"消息发送次数分布图"表明了某个时间段消息发送人数和占比情况，同时在"详细数据"数据表中，每个月的消息数据一目了然。

## 8.4.2　消息关键词：判断用户的需求模块

在"消息分析"数据中，还有一个数据，那就是"消息关键词"数据。图 8-25
所示就是"手机摄影构图大全"的消息关键词页面。

图 8-25　消息关键词

在消息关键词数据中，还包括"自定义关键词"和"非自定义关键词"。下
面分别进行讲述。

### 1．自定义关键词

运营者单击"自定义关键词"按钮，就能进入自定义关键词页面。图 8-26 所
示为"手机摄影构图大全"的自定义关键词数据分析页面。

图 8-26　自定义关键词数据分析页面

在图 8-26 的页面中，运营者可以通过排行对比，查看不同关键词出现的次数
和所占比例，从而判断出用户的需求情况。

### 2．非自定义关键词

非自定义关键词并不是企业微信公众平台定义的关键词，也就是用户发布的消息并没有包含平台设置的关键词。当同一个词语出现超过两次时，平台就会将该数据记录下来，作为非自定义关键词进行统计排名。图 8-27 所示为"手机摄影构图大全"的非自定义关键词页面。

图 8-27　非自定义关键词

在图 8-27 的页面中，运营者可以对非自定义关键词进行分析，同时还可以通过这类关键词找出用户的需求点，挖掘出更多创新的模式。

## 8.5　菜单数据：明白用户需要什么

菜单是对平台推送的内容进行模块划分的入口，因此，运营者通过了解用户对各菜单的点击量，可以进一步洞悉用户需求。

进入微信公众平台后台的"菜单分析"页面，首先看到的是"昨日关键指标"，分 3 列，即"菜单点击次数""菜单点击人数"和"人均点击次数"，展示菜单数据及其发展趋势，如图 8-28 所示。

图 8-28　"菜单分析"页面的昨日关键指标

在"昨日关键指标"下方，是以图表的形式对上面提及的3项数据的每天的数据呈现，如图8-29所示。通过查看颜色对比鲜明、线条各样的趋势图，运营者可以非常清晰地对比出究竟哪一个菜单才是用户点击最多、最受用户喜欢和需要的，而哪一个菜单又是用户点击少甚至可以忽略的。基于此，运营者可以在推送内容时对点击较多的菜单加以倾斜，而那些点击少的甚至是没有点击量的菜单，可以少推送内容，抑或干脆删除这一菜单。

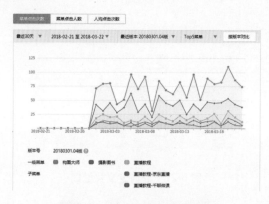

图 8-29　用户点击菜单趋势图

图8-29中呈现的是不同菜单数据的对比关系，而要想了解某一天的具体数据，一方面可以移动鼠标指针至趋势图的时间节点上，让数据显示出来；另一方面可以在趋势图下方查看具体的数据表，如图8-30所示。在设置了数据表内容的时间（少至1天，多至几个月、几年）后，运营者就可以查看该段时间内不同版本的菜单点击情况了。

| 版本 | 菜单 | 子菜单 | 菜单点击次数 | 菜单点击人数 | 人均点击次数 |
|---|---|---|---|---|---|
| 20180301.04版<br>最近版本 | 构图大师 | - | 1630 | 1198 | 1.36 |
| | 摄影图书 | - | 902 | 794 | 1.14 |
| | 直播教程 | 京东直播 | 225 | 196 | 1.15 |
| | | 千聊微课 | 170 | 158 | 1.08 |
| 20180301.01版 | 构图大师 | - | 5 | 1 | 5.00 |
| 20180224.01版 | 摄影图书 | - | 192 | 156 | 1.23 |
| | 构图大师 | 构图大全 | 192 | 174 | 1.10 |
| | 直播教程 | 京东直播 | 37 | 31 | 1.19 |
| | | 千聊微课 | 39 | 38 | 1.03 |
| 20180211.09版 | 摄影图书 | - | 136 | 101 | 1.35 |
| | 构图大师 | 构图大全 | 129 | 116 | 1.11 |
| | 直播教程 | 京东直播 | 30 | 26 | 1.15 |
| | | 千聊微课 | 25 | 22 | 1.14 |

图 8-30　用户点击菜单数据表

# 第 9 章
## 分析数据：用最精准的信息迎来高速增长

我们知道，在微信公众平台上，关于各方面的数据无疑是海量的，那么，运营者应该怎样从中找到有价值的信息，并通过具体分析得出正确的运营策略呢？本章就分别从用户、单篇图文、图文发布和消息发送等方面来各举一例进行介绍。

 **要点展示**

- ◆ 用户流失率分析——注意警戒线
- ◆ 单篇图文统计——计算和突出显示数据
- ◆ 周末发布时机信息表——寻找最佳时机
- ◆ 发送消息时间数据——及时与用户互动

# 9.1 用户流失率分析——注意警戒线

通过"取消关注人数"的数据，运营者就能了解每天有多少粉丝对微信公众平台取消了关注。一旦发现取消关注呈现出了增长的趋势，那么运营者就要格外注意了，要努力找出问题所在，然后尽可能避免这种趋势继续增长。

但是有时候取消关注人数高，并不代表平台一定存在本质问题，因为有时候会出现关注人数暴增的情况（可能比平时高出好几倍），此时，"净增人数"仍呈现增长趋势。所以运营者不能只单单看一个数据，而是要从全局来把握。

用户对微信公众平台取消关注的原因可能有很多种，通常来说，用户取消关注最大的原因是对推送的消息不感兴趣，所以提高内容含金量是最好的解决办法。如果微信公众平台的取消关注人数一直在增加，那么运营者就要仔细查找原因了，然后才能对症下药。

本节主要分析用户的流失率，并为读者详细介绍用户流失率统计图表和警戒线的绘制方法。

## 9.1.1 创建"用户流失率统计表"

在微信公众号运营过程中，取消关注人数有时候并不能说明问题，因此，运营者需要更为科学的分析方法来对待这一数据，那就是统计用户的流失率。下面将介绍创建用户流失率统计表的操作方法。

**步骤 01** 创建一个名为"用户流失率统计表"的工作表，并在工作表中输入相关的信息内容，如图 9-1 所示。

**步骤 02** 设置工作表的行高、列宽、字体格式以及对齐方式，并为表格添加所有框线效果，如图 9-2 所示。

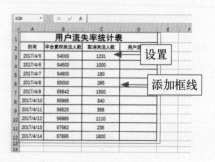

图 9-1 输入相关的信息内容　　图 9-2 设置工作表单元格格式并添加框线

## 9.1.2  编辑和插入用户流失率图表

计算用户流失率的公式如下：

用户流失率 =（取消关注用户 ÷ 平台累积关注人数）×100%

"用户流失率统计表"可以用来分析用户流失的情况。下面介绍绘制"用户流失率统计表"的操作方法。

步骤 01  选择 D3 单元格，在单元格中输入公式 =SUM(C3/(B3-C3)，"0.00%")，如图 9-3 所示。

步骤 02  按 Enter 键确认，即可得出 D3 单元格的数据结果，计算 2017 年 4 月 5 日的用户流失率数据，如图 9-4 所示。

图 9-3  输入公式 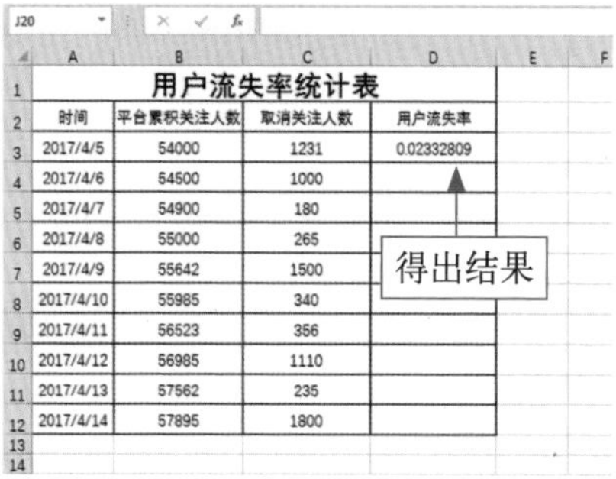              图 9-4  计算 2017 年 4 月 5 日的用户流失率数据

步骤 03  将鼠标移至 D3 单元格右下角，当光标呈现 ✚ 形状时，单击鼠标左键的同时向下拖曳至 D12 单元格，如图 9-5 所示。

步骤 04  执行操作后，即可在单元格填充相关数据，得出其他日期的用户流失率数据，如图 9-6 所示。

图 9-5  向下拖曳填充数据           图 9-6  其他日期的用户流失率数据

**步骤 05** 选择 D3:D12 单元格区域，单击鼠标右键，弹出快捷菜单，选择 "设置单元格格式" 命令，如图 9-7 所示。

**步骤 06** 弹出 "设置单元格格式" 对话框，选择 "数字" 选项卡，设置 "分类" 为 "百分比"、"小数位数" 为 2，如图 9-8 所示。

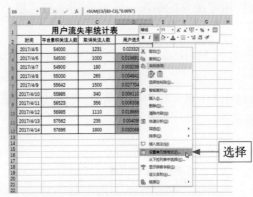

图 9-7 选择 "设置单元格格式" 命令

图 9-8 "设置单元格格式" 对话框

**步骤 07** 单击 "确定" 按钮，即可设置 D3:D12 单元格区域的百分比格式，如图 9-9 所示。

**步骤 08** 在工作表的 E2 单元格中输入 "警戒线" 标题，并设置工作表的单元格格式以及添加框线效果，如图 9-10 所示。

图 9-9 设置相关的百分比格式

图 9-10 设置格式并添加框线效果

**步骤 09** 选择 E3 单元格，在单元格中输入相关的数据信息，如图 9-11 所示。

**步骤 10** 用与上同样的方法，在图 9-11 的相应单元格内填充数据信息，效果如图 9-12 所示。

图 9-11 输入相关的数据信息　　　　图 9-12 填充相应的数据信息

**步骤 11**　按住 Ctrl 键的同时，选择 A2:A12、D2:D12 与 E2:E12 单元格区域，在"插入"面板的"图表"选项板中，单击"插入柱形图或条形图"按钮，在弹出的下拉列表框中，选择"二维柱形图"下方的"簇状柱形图"选项，如图 9-13 所示。

**步骤 12**　在工作表中插入簇状柱形图图表，并设置"图表标题"为"用户流失率情况分析"并设置其格式，效果如图 9-14 所示。

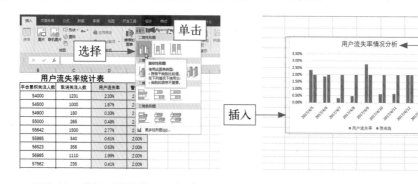

图 9-13 选择"簇状柱形图"选项　　　　图 9-14 设置图表标题

**专家提醒**

　　用户在运用 Excel 软件制表的过程中，如果出现操作失误的情况，此时可以直接清除单元格。清除单元格数据和格式的方法很简单，只需在工作表中选择要清除数据和格式的单元格，在"开始"面板的"编辑"选项中，单击"清除"下拉按钮，在弹出的列表框中选择"清除格式""清除内容"等选项，即可清除单元格数据和单元格的格式。

## 9.1.3　绘制一条流失率警戒线

流失率警戒线是根据每个平台的流失人数及趋势统计得来的。如果用户取消
关注人数流失率超过警戒线，那么运营人员则要引起重视，分析原因及时采取措
施，下面介绍绘制流失率警戒线的操作方法。

**步骤 01** 在图表中选择橙色柱形条，单击鼠标右键，弹出快捷菜单，选择
"更改系列图表类型"命令，如图 9-15 所示。

**步骤 02** 弹出"更改图表类型"对话框，单击"警戒线"右侧的下拉按钮，
如图 9-16 所示。

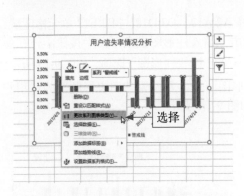

图 9-15　选择"更改系列图表类型"命令

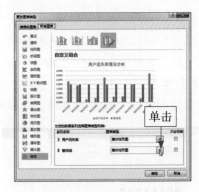

图 9-16　"更改图表类型"对话框

**步骤 03** 弹出下拉列表，选择"折线图"选项，如图 9-17 所示。

**步骤 04** 单击"确定"按钮，即可更改"警戒线"图表类型，如图 9-18 所示。

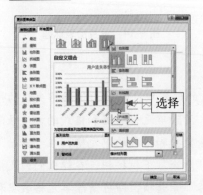

图 9-17　选择"折线图"选项

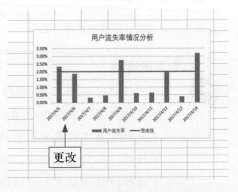

图 9-18　更改"警戒线"图表类型

**专家提醒**

　　除了运用上述方法更改图表类型外，还可以在"设计"面板的"类型"选项板中，单击"更改图表类型"按钮，弹出"更改图表类型"对话框。

　**步骤 05**　　选择警戒线，单击鼠标右键，弹出快捷菜单，选择"设置数据系列格式"命令，如图 9-19 所示。

　**步骤 06**　　弹出"设置数据系列格式"面板，在"填充与线条"选项区下，单击"短划线类型"右侧的下拉按钮，在弹出的下拉列表框中，选择"圆点"选项，如图 9-20 所示。

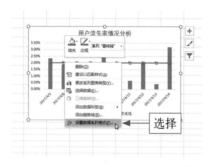

图 9-19　选择"设置数据系列格式"命令　　　　图 9-20　选择"圆点"选项

　**步骤 07**　　继续在"填充与线条"选项区下，单击"箭头末端类型"右侧的下拉按钮，在弹出的下拉列表框中，选择"箭头"选项，如图 9-21 所示。

　**步骤 08**　　单击"箭头末端大小"右侧的下拉按钮，弹出列表框，选择"右箭头 5"选项，如图 9-22 所示。

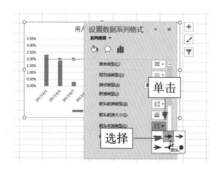
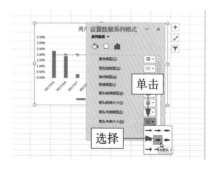

图 9-21　选择"箭头"选项　　　　　图 9-22　选择"右箭头 5"选项

第 9 章　分析数据：用最精准的信息迎来高速增长

185

步骤 09 单击面板右上角的"关闭"按钮 × ，关闭面板，即可设置警戒线格式，如图 9-23 所示。

步骤 10 选择蓝色柱形条，单击鼠标右键，弹出快捷菜单，选择"添加数据标签"命令，如图 9-24 所示。

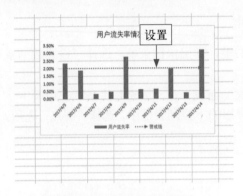

图 9-23　设置警戒线格式　　　　图 9-24　选择"添加数据标签"命令

步骤 11 在蓝色柱形条上添加各个数据样式：选择整个图表，在"格式"面板的"艺术字样式"选项板中，选择"填充：黑色，文本色1；阴影"样式，如图 9-25 所示。

步骤 12 设置图表中的形状样式：在"格式"面板的"形状样式"选项板中，选择"彩色轮廓 - 黑色，深色 1"样式，效果如图 9-26 所示。至此完成用户流失率统计表的制作。

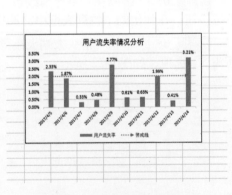

图 9-25　选择相应样式　　　　　图 9-26　设置图表的形状样式

## 9.2　单篇图文统计——计算和突出显示数据

单篇图文统计表主要是对在微信平台发布的文章所获得的一些数据（如文章的送达人数、图文阅读人数、分享人数、图文阅读率以及图文分享率等）进行统计并分析，以便为以后发布文章提供参考。

要注意的是，在分析单篇图文统计表时，有时候数据太多，而且平淡无奇地展示在眼前，微信公众号运营人员不一定能快速地感受到数据与数据之间的"分布状态"，因此需要一个一个地对数据进行分析和对比，才能"后知后觉"地发现其中的关系与区别。

基于此，运营人员可以通过创建图表的方式来更加形象化地感受数据之间的关系，并对其进行分析。在此主要介绍单篇图文统计的表格化和图形化的制作流程和具体方法。

### 9.2.1　新建"单篇图文统计表"

单篇图文统计表包含的主要内容为日期、送达人数、图文阅读人数、分享人数、图文阅读率和图文分享率等数据信息。下面笔者将为读者介绍创建单篇图文统计表的操作方法。

**步骤 01**　新建一个名为"单篇图文统计表"的工作表，在工作表中输入相关的信息内容，并设置工作表的行高、列宽，如图 9-27 所示。

**步骤 02**　设置工作表的字体格式、对齐方式等，并为表格添加所有框线效果，如图 9-28 所示。

图 9-27　输入相关的信息内容

图 9-28　设置属性并添加框线

步骤 03　选择 A4 单元格，在"开始"面板的"对齐方式"选项板中，单击"自动换行"按钮，如图 9-29 所示。

步骤 04　执行操作后，即可对 A4 单元格的内容进行自动换行操作，效果如图 9-30 所示。

图 9-29　单击"自动换行"按钮　　　　图 9-30　进行自动换行操作后的效果

## 9.2.2　计算图文阅读率和分享率

计算微信公众平台的图文阅读率，便于运营人员查看每天发布的公众号文章受欢迎的程度；计算分享文章的用户比例，更有利于分析用户的阅读体验。下面介绍计算图文阅读率和分享率的操作方法。

步骤 01　在工作表中，选择 B6 单元格，在"公式"面板的"函数库"选项板中，单击"插入函数"按钮 fx，如图 9-31 所示。

步骤 02　弹出"插入函数"对话框，在"选择函数"选项区的下方，选择 SUM 选项，如图 9-32 所示。

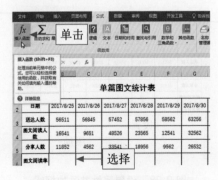

图 9-31　单击"插入函数"按钮

图 9-32　选择 SUM 选项

**步骤 03** 单击"确定"按钮，弹出"函数参数"对话框，在第一个文本框中输入参数"B4/B3"，如图 9-33 所示。

**步骤 04** 单击"确定"按钮，即可得出 B6 单元格的数据结果，如图 9-34 所示。

图 9-33　输入参数

图 9-34　得出结果

**步骤 05** 选择 B6 单元格，将光标移至 B6 单元格右下角，当光标呈现╋形状时，单击鼠标左键并向右拖曳至 H6 单元格，即可在单元格填充相关数据，得出其他日期的图文阅读率，如图 9-35 所示。

**步骤 06** 选择 B6:H6 单元格区域，调出"设置单元格格式"对话框，在"数字"选项卡中设置"分类"为"百分比"、"小数位数"为 2，即可设置百分比格式，效果如图 9-36 所示。

图 9-35　得出其他日期的图文阅读率

图 9-36　设置百分比格式后的效果

**专家提醒**

计算图文阅读率的公式为：图文阅读率＝图文阅读人数 ÷ 送达人数 ×100%。运营人员在计算图文阅读率的时候一定要根据真实的图文阅读人数以及送达人数计算结果。

**步骤 07** 在工作表中，选择 B7 单元格，输入公式 =SUM(B5/B3)，如图 9-37
所示。

**步骤 08** 按 Enter 键确认，即可得出 B7 单元格的数据结果，计算 2017 年
8 月 25 日的图文分享率，如图 9-38 所示。

图 9-37 输入公式 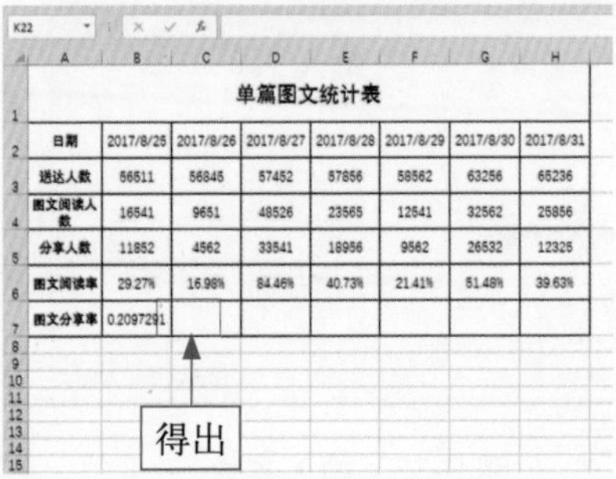　　　　　　图 9-38 计算 2017 年 8 月 25 日的图文分享率

**步骤 09** 选择 B7 单元格，将光标移至 B7 单元格右下角，当光标呈现 ＋
形状时，单击鼠标左键并向右拖曳至 H7 单元格，即可在单元格填充相关数据，
得出其他日期的图文分享率，如图 9-39 所示。

**步骤 10** 选择 B7:H7 单元格区域，调出"设置单元格格式"对话框，在"数
字"选项卡中设置"分类"为"百分比"、"小数位数"为 2，即可设置百分比格式，
效果如图 9-40 所示。至此完成单篇图文统计表的制作。

图 9-39 得出其他日期的图文分享率 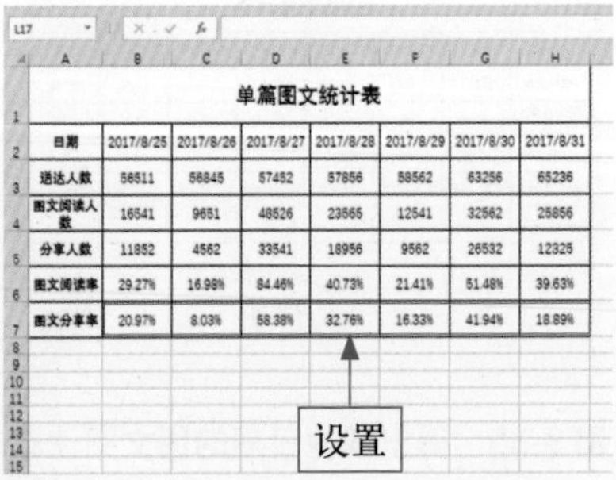　　　图 9-40 设置百分比格式后的效果

## 9.2.3 使用格式条件突出显示数据

运营人员还可以在 Excel 中使用条件格式功能，突出显示数据，将重点数据

突显出来，使得数据分析更具表现力。下面介绍突出显示数据的操作方法。

**步骤** `01` 在工作表中，选择 B6:H7 单元格区域，在"开始"面板的"样式"选项板中，单击"条件格式"按钮 ，如图 9-41 所示。

**步骤** `02` 弹出对话框，在对话框中，选择"突出显示单元格规则"|"大于"选项，如图 9-42 所示。

图 9-41 单击"条件格式"按钮

图 9-42 选择相应选项

**步骤** `03` 弹出"大于"对话框，在"为大于以下值的单元格设置格式"文本框中输入 50%，设置为"绿填充色深绿色文本"，如图 9-43 所示。

**步骤** `04` 单击"确定"按钮，即可突出显示单元格数据，将大于 50% 的单元格显示为绿填充色深绿色文本，效果如图 9-44 所示。

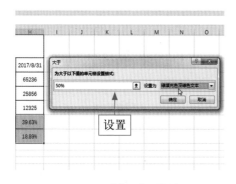
图 9-43 "大于"对话框

图 9-44 突出显示单元格数据

## 9.2.4 用"项目选取"显示有效数据

微信公众号运营人员分析数据，有时候需要先求出分析数据的平均值，然后根据平均值对数据进行分析。可以运用 Excel 中条件格式的"项目选取"功能，一步搞定平均值的计算，进而对数据进行有效的分析与计算。下面介绍用"项目选取"功能显示数据的操作方法。

步骤 01　选择 B6:H7 单元格区域，在"开始"面板的"样式"选项板中，单击"条件格式"按钮 📊，在弹出的下拉列表中，选择"最前/最后规则"|"低于平均值"选项，如图 9-45 所示。

步骤 02　弹出"低于平均值"对话框，单击"针对选定区域，设置为"右侧的倒三角按钮 🔽，如图 9-46 所示。

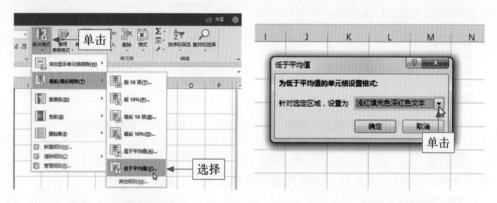

图 9-45　选择相应选项　　　　　图 9-46　单击相应按钮

步骤 03　弹出列表框，选择"黄填充色深黄色文本"选项，如图 9-47 所示。
步骤 04　单击"确定"按钮，低于平均值的单元格格式便设置成黄填充色深黄色文本，如图 9-48 所示。

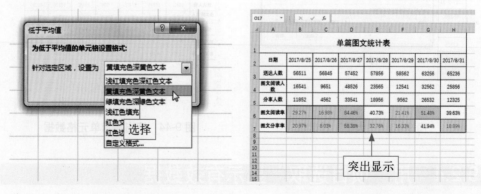

图 9-47　选择"黄填充色深黄色文本"选项　　图 9-48　用"项目选取"显示数据

## 9.2.5　创建便于分析的迷你图显示趋势

有时工作表数据过多，运营人员不便于进行分析工作。此时，运营人员可以运用 Excel 迷你图功能，将数据图小巧地放在单元格内，既能增加图表的美感，又便于运营人员快速地对数据进行分析。下面介绍创建迷你图显示数据趋势的操作方法。

**步骤 01**　在工作表中，选择 H 列单元格，在"开始"面板的"单元格"选项板中，单击"插入"按钮 ，如图 9-49 所示。

**步骤 02**　弹出下拉列表框，选择"插入工作表列"选项，如图 9-50 所示。

图 9-49　单击"插入"按钮　　　　图 9-50　选择"插入工作表列"选项

**步骤 03**　选择 I2:I7 单元格区域，单击鼠标右键，弹出快捷菜单，选择"剪切"命令，如图 9-51 所示。

**步骤 04**　选择 H2 单元格，单击鼠标右键，弹出快捷菜单，单击"粘贴"按钮 ，如图 9-52 所示。

图 9-51　选择"剪切"命令

图 9-52　单击"粘贴"按钮

步骤 05　将剪切的内容粘贴至 H2:H8 单元格区域中，如图 9-53 所示。

步骤 06　在 I2 单元格中输入"迷你图"文字，并设置 I2:I7 单元格区域的对齐方式以及添加框线效果，如图 9-54 所示。

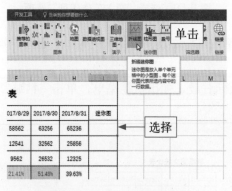

图 9-53　将剪切的内容粘贴至相应位置　　　　图 9-54　添加框线效果

步骤 07　选择 I3 单元格，在"插入"面板的"迷你图"选项板中，单击"折线图"按钮，如图 9-55 所示。

步骤 08　弹出"创建迷你图"对话框，在"数据范围"右侧的文本框中输入参数"B3:H3"，如图 9-56 所示。

图 9-55　单击"折线图"按钮　　　　图 9-56　输入参数

步骤 09　单击"确定"按钮，即可在 I3 单元格中创建迷你折线趋势图，如图 9-57 所示。

步骤 10　用上述同样方法，依次在 I4:I7 单元格区域中，创建迷你折线趋势图，如图 9-58 所示。

图 9-57 创建迷你折线趋势图　　　　图 9-58 创建其他迷你折线趋势图

**专家提醒**

微信公众号运营人员可以根据自身喜好或需求，随意调整迷你图的展示颜色、样式、显示点和类型等属性。

**步骤 11** 选择 I3:I7 单元格区域，在"设计"面板的"显示"选项板中，选中"标记"复选框，如图 9-59 所示。

**步骤 12** 在工作表中的迷你折线趋势图中，显示标记效果，如图 9-60 所示。

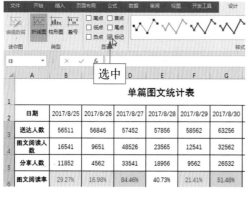

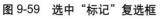

图 9-59 选中"标记"复选框　　　　图 9-60 显示标记效果

# 9.3 周末发布时机信息表——寻找最佳时机

周末发布时机信息表列出了微信公众号运营人员在周末发布文章的最佳时机。周末往往是人们休息的时间，而统计用户周末的图文收藏次数以及阅读次数是非常关键的。下面主要介绍如何通过数据分析选择周末最佳图文发送时机。

## 9.3.1 抽样和统计：周末日期数据

运营人员可以从微信平台后台数据中抽取一个月内所有周末的数据，统计排行在前的8个时间点进行统计并分析，本数据以微信公众号“手机摄影构图大全”为例。下面介绍抽样和统计数据的操作方法。

**步骤 01** 新建一个名为“周末发布时机信息表”的工作表，在工作表中输入相关数据信息，并设置工作表的行高与列宽，如图9-61所示。

**步骤 02** 设置工作表的对齐方式、字体格式，并为表格添加所有框线效果，如图9-62所示。

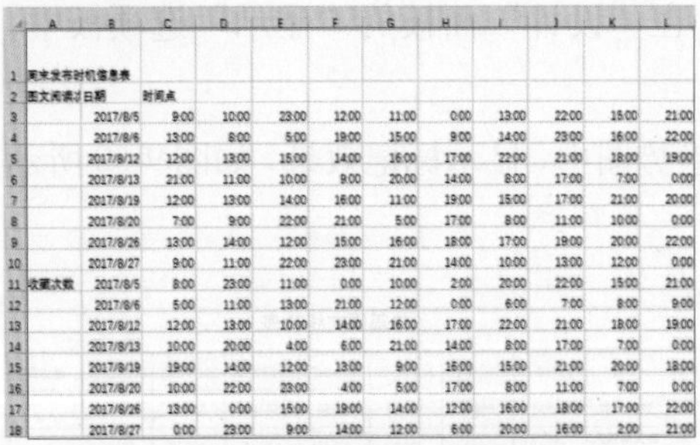

| | A | B | C | D | E | F | G | H | I | J | K | L |
|---|---|---|---|---|---|---|---|---|---|---|---|---|
| 1 | 周末发布时机信息表 | | | | | | | | | | | |
| 2 | 图文阅读次 | 日期 | 时间点 | | | | | | | | | |
| 3 | | 2017/8/5 | 9:00 | 10:00 | 23:00 | 12:00 | 11:00 | 0:00 | 13:00 | 22:00 | 15:00 | 21:00 |
| 4 | | 2017/8/6 | 13:00 | 8:00 | 5:00 | 19:00 | 15:00 | 9:00 | 14:00 | 23:00 | 16:00 | 22:00 |
| 5 | | 2017/8/12 | 12:00 | 13:00 | 15:00 | 14:00 | 16:00 | 17:00 | 22:00 | 21:00 | 18:00 | 19:00 |
| 6 | | 2017/8/13 | 21:00 | 11:00 | 10:00 | 9:00 | 20:00 | 14:00 | 8:00 | 17:00 | 7:00 | 0:00 |
| 7 | | 2017/8/19 | 12:00 | 13:00 | 14:00 | 16:00 | 11:00 | 19:00 | 15:00 | 17:00 | 21:00 | 20:00 |
| 8 | | 2017/8/20 | 7:00 | 9:00 | 22:00 | 21:00 | 5:00 | 17:00 | 8:00 | 11:00 | 10:00 | 0:00 |
| 9 | | 2017/8/26 | 13:00 | 14:00 | 12:00 | 15:00 | 16:00 | 18:00 | 17:00 | 19:00 | 20:00 | 22:00 |
| 10 | | 2017/8/27 | 9:00 | 11:00 | 22:00 | 23:00 | 21:00 | 14:00 | 10:00 | 13:00 | 12:00 | 0:00 |
| 11 | 收藏次数 | 2017/8/5 | 8:00 | 23:00 | 11:00 | 0:00 | 10:00 | 2:00 | 20:00 | 22:00 | 15:00 | 21:00 |
| 12 | | 2017/8/6 | 5:00 | 11:00 | 13:00 | 21:00 | 12:00 | 0:00 | 6:00 | 7:00 | 8:00 | 9:00 |
| 13 | | 2017/8/12 | 12:00 | 13:00 | 10:00 | 14:00 | 16:00 | 17:00 | 22:00 | 21:00 | 18:00 | 19:00 |
| 14 | | 2017/8/13 | 10:00 | 20:00 | 4:00 | 6:00 | 21:00 | 14:00 | 8:00 | 17:00 | 7:00 | 0:00 |
| 15 | | 2017/8/19 | 19:00 | 14:00 | 12:00 | 13:00 | 9:00 | 16:00 | 15:00 | 21:00 | 20:00 | 18:00 |
| 16 | | 2017/8/20 | 10:00 | 22:00 | 23:00 | 4:00 | 5:00 | 17:00 | 8:00 | 11:00 | 7:00 | 0:00 |
| 17 | | 2017/8/26 | 13:00 | 0:00 | 15:00 | 19:00 | 14:00 | 12:00 | 16:00 | 18:00 | 17:00 | 22:00 |
| 18 | | 2017/8/27 | 0:00 | 23:00 | 9:00 | 14:00 | 12:00 | 6:00 | 20:00 | 16:00 | 2:00 | 21:00 |

图 9-61 输入相关的数据信息并设置行高与列宽

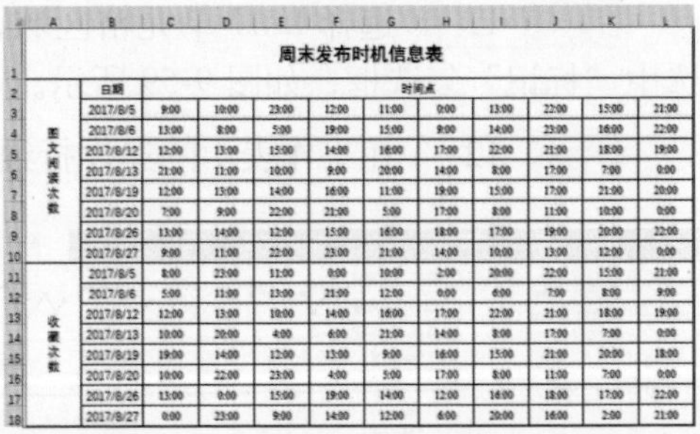

| | A | B | C | D | E | F | G | H | I | J | K | L |
|---|---|---|---|---|---|---|---|---|---|---|---|---|
| 1 | 周末发布时机信息表 | | | | | | | | | | | |
| 2 | 图文阅读次数 | 日期 | 时间点 | | | | | | | | | |
| 3 | | 2017/8/5 | 9:00 | 10:00 | 23:00 | 12:00 | 11:00 | 0:00 | 13:00 | 22:00 | 15:00 | 21:00 |
| 4 | | 2017/8/6 | 13:00 | 8:00 | 5:00 | 19:00 | 15:00 | 9:00 | 14:00 | 23:00 | 16:00 | 22:00 |
| 5 | | 2017/8/12 | 12:00 | 13:00 | 15:00 | 14:00 | 16:00 | 17:00 | 22:00 | 21:00 | 18:00 | 19:00 |
| 6 | | 2017/8/13 | 21:00 | 11:00 | 10:00 | 9:00 | 20:00 | 14:00 | 8:00 | 17:00 | 7:00 | 0:00 |
| 7 | | 2017/8/19 | 12:00 | 13:00 | 14:00 | 16:00 | 11:00 | 19:00 | 15:00 | 17:00 | 21:00 | 20:00 |
| 8 | | 2017/8/20 | 7:00 | 9:00 | 22:00 | 21:00 | 5:00 | 17:00 | 8:00 | 11:00 | 10:00 | 0:00 |
| 9 | | 2017/8/26 | 13:00 | 14:00 | 12:00 | 15:00 | 16:00 | 18:00 | 17:00 | 19:00 | 20:00 | 22:00 |
| 10 | | 2017/8/27 | 9:00 | 11:00 | 22:00 | 23:00 | 21:00 | 14:00 | 10:00 | 13:00 | 12:00 | 0:00 |
| 11 | 收藏次数 | 2017/8/5 | 8:00 | 23:00 | 11:00 | 0:00 | 10:00 | 2:00 | 20:00 | 22:00 | 15:00 | 21:00 |
| 12 | | 2017/8/6 | 5:00 | 11:00 | 13:00 | 21:00 | 12:00 | 0:00 | 6:00 | 7:00 | 8:00 | 9:00 |
| 13 | | 2017/8/12 | 12:00 | 13:00 | 10:00 | 14:00 | 16:00 | 17:00 | 22:00 | 21:00 | 18:00 | 19:00 |
| 14 | | 2017/8/13 | 10:00 | 20:00 | 4:00 | 6:00 | 21:00 | 14:00 | 8:00 | 17:00 | 7:00 | 0:00 |
| 15 | | 2017/8/19 | 19:00 | 14:00 | 12:00 | 13:00 | 9:00 | 16:00 | 15:00 | 21:00 | 20:00 | 18:00 |
| 16 | | 2017/8/20 | 10:00 | 22:00 | 23:00 | 4:00 | 5:00 | 17:00 | 8:00 | 11:00 | 7:00 | 0:00 |
| 17 | | 2017/8/26 | 13:00 | 0:00 | 15:00 | 19:00 | 14:00 | 12:00 | 16:00 | 18:00 | 17:00 | 22:00 |
| 18 | | 2017/8/27 | 0:00 | 23:00 | 9:00 | 14:00 | 12:00 | 6:00 | 20:00 | 16:00 | 2:00 | 21:00 |

图 9-62 为表格添加所有框线效果

## 9.3.2 计算和排序：得出相同时间点

在工作表中，如果这几个周末中都有相同的时间点，那么这些相同的时间点可以作为微信公众号运营人员发布文章最佳时间的一个时间依据，而这个时间依据是需要对信息表中的数据进行相关计算与排序才能得到的。下面介绍计算和排序的操作方法。

**步骤 01** 选择 A21:B46 单元格区域，在其中输入相关的信息数据，并设置对齐方式属性，选择 B23 单元格，输入公式 =COUNTIF(B3:L10, A23)，如图 9-63 所示。

**步骤 02** 按 Enter 键确认，即可得出 B23 单元格的数据结果为 4，统计 0:00 时间点的出现次数。用与上同样的公式算法，统计其他时间点的出现次数，如图 9-64 所示。

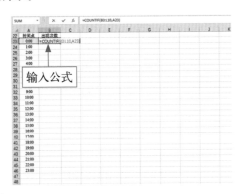

图 9-63　输入公式

图 9-64　统计其他时间点的出现次数

**步骤 03** 选择 A21:B22 单元格区域，按 Ctrl+C 组合键，即可复制单元格区域的内容；再选择 D21 单元格，按 Ctrl+V 组合键，即可粘贴复制的内容。用同样的方法，复制粘贴其他相关单元格区域的内容，如图 9-65 所示。

**步骤 04** 在工作表中选择 B23:B46 单元格区域，单击鼠标右键，弹出快捷菜单，选择"复制"命令，即可复制单元格区域的内容；选择 E23 单元格，单击鼠标右键，弹出快捷菜单，单击"值"按钮，即可粘贴 B23:B46 单元格区域的内容和格式，如图 9-66 所示。

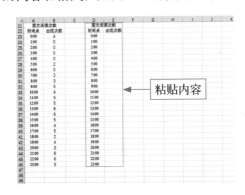

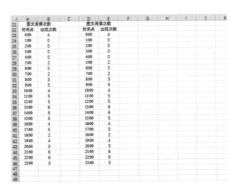

图 9-65　复制粘贴其他相关单元格区域的内容

图 9-66　粘贴相关内容和格式

**步骤 05** 选择 E22 单元格，单击鼠标右键，弹出快捷菜单，选择"排序"|"降序"命令，如图 9-67 所示。

**步骤 06** 将相应单元格区域进行降序排序，如图 9-68 所示。

图 9-67 选择相应命令　　　　　图 9-68 进行降序排列

**步骤 07** 选择 G21:H46 单元格区域，在其中输入相关的数据信息，并设置对齐方式属性，如图 9-69 所示。

**步骤 08** 选择 H23 单元格，输入公式 =COUNTIF(B11:L18, G23)，如图 9-70所示。

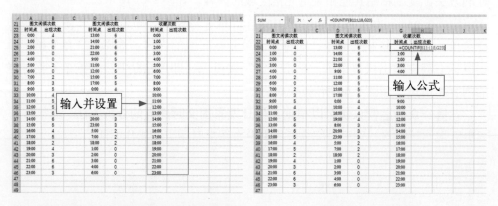

图 9-69 输入相关的数据信息和设置对齐方式　　　　图 9-70 输入公式

**步骤 09** 按 Enter 键确认，即可得出 H23 单元格的数据结果，统计 0:00时间点的出现次数。用与上同样的公式算法，统计其他时间点的出现次数结果，如图 9-71 所示。

**步骤 10** 引用上述步骤 03 ～ 步骤 06 中的方法，复制相关单元格并粘贴至相应位置，再对出现次数进行降序操作，如图 9-72 所示。

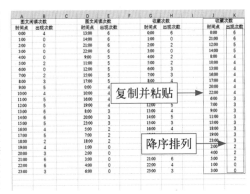

图 9-71 统计其他时间点的出现次数　　图 9-72 复制粘贴内容并排序

**专家提醒**

　　计算时间点的出现次数还可以运用另一种公式计算，例如选择 H23 单元格，输入公式 =COUNTIF($B$11:$L418,G23)，按 Enter 键确认，即可得出 H23 单元格的数据结果，然后再用填充方式填充其他时间点出现的次数。

## 9.3.3 分析：周末发布图文时间点

　　微信公众号运营人员可以根据工作日发布图文时间点的分析方法，分析周末发布图文的时间点。下面介绍分析周末发布图文时间点的操作方法。

**步骤 01** 按住 Ctrl 键的同时，选择 D23:D30、J23:J30 单元格区域，在"开始"面板的"样式"选项板中，单击"条件格式"按钮，在弹出的下拉列表框中选择"突出显示单元格规则"|"重复值"选项，如图 9-73 所示。

**步骤 02** 弹出"重复值"对话框，将"重复值"设置为"浅红填充色深红色文本"，单击"确定"按钮，即可设置重复的时间点颜色，效果如图 9-74 所示。至此，完成周末发布时机信息表的制作。

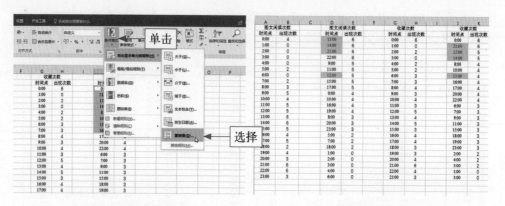

图 9-73　选择相应选项　　　　　　　图 9-74　设置重复的时间点颜色

本实例是以微信公众号"手机摄影构图大全"为例，选择 2017 年 8 月份的所有周末的时间点数据作为依据来分析的，从图 9-74 中可以看出，用户图文页阅读次数与收藏次数的相同时间点为 12:00 ～ 14:00、21:00 这两个时间段。可见，现在大部分用户可能周末下午和晚上阅读文章的次数比较频繁。

针对以上数据分析，周末下午或晚上是运营人员发布文章的好时机，具体效果还得根据真实情况不断做出改善。只有这样，微信公众号才会运营得越来越好。

## 9.4　发送消息时间数据——及时与用户互动

工作日时间为周一至周五，在这 5 天时间中，一些用户的阅读时间不可能都是一致的。此时微信公众号运营人员需要分析一周中，既有工作日又有周末整体的用户发送消息的时间点情况。运营人员可以根据用户周一至周五、周六至周日的发消息时间点，做出合理的分析和选择合适的时间点与用户互动。

### 9.4.1　排序：消息发送次数时间点

在 Excel 工作表中，一些用户发送信息的时间点数据在统计的日期当中出现了多次。运营人员根据计算多次的时间点次数，运用 Excel 的排序功能，对出现次数进行降序操作，这样更有利于分析数据信息。下面介绍对消息发送次数时间点进行排序的操作方法。

步骤 01　打开"发送消息时间点分布表"工作表，选择 I1:J26 单元格区域，在其中输入相关的数据信息，并设置对齐方式，如图 9-75 所示。

步骤 02　选择 J3 单元格，输入公式 =COUNTIF(B3:G9,I3)，如图 9-76 所示。

图 9-75　输入相关的信息数据 　　　　　图 9-76　输入公式

**专家提醒**

在 Excel 工作界面中，用户在输入和编辑自定义公式时，可以直接用鼠标单击所引用的单元格。此时编辑公式的单元格中会出现此单元格，表明该单元格中的数据已被引用到公式中。

步骤 03　按 Enter 键确认，即可得出 J3 单元格的数据结果，统计 0:00 时间点的出现次数，如图 9-77 所示。

步骤 04　用与上同样的公式算法，统计其他时间的出现次数，计算结果显示如图 9-78 所示。

步骤 05　选择 I1:J2 单元格区域，按 Ctrl+C 组合键，即可复制单元格区域的内容；再选择 L1 单元格，按 Ctrl+V 组合键，即可粘贴复制的内容。用同样的方法，复制粘贴其他相关单元格区域的内容，结果如图 9-79 所示。

步骤 06　在工作表中选择 J3:J26 单元格区域，单击鼠标右键，弹出快捷菜单，选择"复制"命令，即可复制单元格区域的内容；选择 M3 单元格，单击鼠标右键，弹出快捷菜单，单击"值"按钮，即可粘贴 J3:J26 单元格区域的内容和格式，如图 9-80 所示。

图 9-77　统计 0:00 时间点的出现次数　　　图 9-78　统计其他时间的出现次数

图 9-79　复制粘贴其他相关单元格区域的内容 　　　图 9-80　粘贴相关内容和格式

步骤 07　选择 M2 单元格，单击鼠标右键，弹出快捷菜单，选择"排序"|"降序"命令，如图 9-81 所示。

步骤 08　将相应单元格区域进行降序排序，如图 9-82 所示。

图 9-81 选择相应命令　　　　图 9-82 进行降序排列

## 9.4.2 统计：发送次数最多的时间点

在 Excel 工作表中，每个时间点的出现次数有高有低，微信公众号运营人员可以用条件格式的数据条显示各个数据的高低情况。下面介绍统计发送次数最多的时间点的操作方法。

步骤 01　在工作表中，选择 M3:M26 单元格区域，在"开始"面板的"样式"选项板中，单击"条件格式"按钮，在弹出的下拉列表框中，选择"数据条"|"蓝色数据条"选项，如图 9-83 所示。

步骤 02　执行后的效果如图 9-84 所示。至此完成发送消息时间点分布表的制作。

图 9-83 选择相应选项　　　　图 9-84 设置数据条的颜色为蓝色

## 9.4.3  分析：得出与用户最佳互动时机

从图 9-84 中可看出，8 月 21 ～ 8 月 27 日这一周的用户发送消息的前 6 个时间点出现次数最多的时间点是早上 9:00，其次是上午 11:00 与下午 14:00，说明这个几个时间点是用户发送消息的常用时间点。运营人员可以根据这个规律查看一个月或两个月的用户发送消息时间点的数据信息，综合考察出现次数高的时间点，确定与用户互动的最佳时间。

# 第 10 章
## 运营前战：吸粉引流，如何从 0 到 100 万

人即入口，微信公众号的营销入口其实就是粉丝入口、人流入口，粉丝越多，流量就会越高，营销和推广自然就有了入口。因此，企业想利用公众号实现推广和销售，就需要掌握公众号引流的各种方法，增加粉丝让更多人在更大范围内看到自身账号的动态。

## 要点展示

- ◆ 3 招实现精准引流
- ◆ 微信同源平台，效果更好
- ◆ 6 个流量平台，聚沙成塔
- ◆ 不可忽略的其他引流方法

# 10.1　3招实现精准引流

所处的行业不同，服务的对象和经营的范围以及产品也就会有所不同。运营者想要成功地发展自己的企业和商店，需要设置更精准的人流入口来带动销售与运营。下面介绍如何精准有效吸引人流及实现营销和运营目标的方法。

## 10.1.1　用户定位，圈定有效人群

客户要求高质量的产品和微信营销者要求高质量的粉丝是同等级概念的，如果不对目标群体进行准确的定位，那么吸引过来的粉丝很有可能都是一些"僵尸粉"，这样的粉丝数量只能算是一个数字，对于企业的营销没有任何价值。

例如，苏宁易购这一企业主体，经营的产品主要是电子电器类，那么它的目标用户群则会是上班族、家庭主妇、电器商，而不是需要衣服、饰品、化妆品的用户群。因此，"苏宁易购"微信公众号也应该基于这一用户定位来推送内容，吸引粉丝关注。

下面笔者介绍一套有效定位粉丝的方法，如图10-1所示。

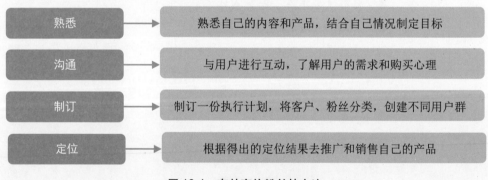

| 熟悉 | 熟悉自己的内容和产品，结合自己情况制定目标 |
| 沟通 | 与用户进行互动，了解用户的需求和购买心理 |
| 制订 | 制订一份执行计划，将客户、粉丝分类，创建不同用户群 |
| 定位 | 根据得出的定位结果去推广和销售自己的产品 |

**图 10-1　有效定位粉丝的方法**

## 10.1.2　多样内容，吸引海量用户

我们都知道，微信公众号展示内容的方式包括图文、信息、视频、文本等，不管是以前的网络营销，还是现在的微信营销，只有丰富的、有趣的、有特点的内容才更能吸引人。

在微信公众号运营中，很多企业以 H5 化的方式进行微信内容展现，使企业公众号页面可以多层次、多角度地去展现内容，再配上诸多实用性的和个性定制的功能，可以更加吸引粉丝的关注。下面继续介绍微信公众号运营中利用内容吸引用户的 3 个要点。

### 1. 富有个性

个性化内容是运营者和营销人员最难把握的一个要点，因为要打造真正意义上的个性化内容既没有标准，又不是一件容易达成的事，特别是在需要持续更新内容的情况下。

在此，笔者提出一个简单易操作的方法。运营者可以用表达形式的个性化来代替内容内涵的个性化，即利用长图文、短视频和文字等诸多形式来推广，这样也是打造富有特色的个性化内容的技巧之一。

### 2. 丰富有趣

丰富有趣，指微信公众号的内容要有足够的新意和吸引人的地方，就算不能做到让内容全部都具备创意和新意，那也要做到让发布的内容不至于太过空洞和无聊。另外，"情感类"的内容也可以归类到丰富有趣的内容中，因为它能引发用户情感上和心理上的共鸣，也很吸引粉丝。

### 3. 利益驱动

利益驱动，指运营者为了适应用户需求，发布的内容要具备一定的实用性，既可以为用户传授生活常识，也可以为用户提供信息服务。总而言之，客户能够从推广的内容中获取到某种形式或某方面的利益，他们才会成为品牌的追随者。

## 10.1.3 点赞转发，利用功能引流

一般来说，只要公众号推广的产品好，那么用户也是不会吝于点赞的。而用户转发则会基于两个方面的原因：一是因为有利益关系存在，二是主观认为被转发者是有这方面的需求的。

正是因为如此，微信公众号的管理者和运营者可以设置一些活动、提供丰富多彩的内容和一些切实的利益，从而让用户主动转发或购买。

运营者后期必须根据用户的需求不断地增加、提升和完善内容和活动。而对于大品牌营销而言，就需要针对目标群体进行个性化的定制了。

# 10.2 微信同源平台，效果更好

微信公众号是基于微信而生的，因此，积极发挥微信这一拥有庞大用户量的社交媒体平台来吸引粉丝不失为一个好办法。那么，利用微信平台，怎样才能在较短时间内快速实现引流目标呢？下面介绍4种常用的引流技巧。

## 10.2.1 爆文——大范围

"内容为王"这一理念是适用于整个运营过程的，在引流方面更是有着莫大的作用。有时候一篇吸引人的爆文能瞬间吸引大量粉丝来关注公众号。那么什么样的内容才能称之为爆文呢，爆文又应该如何打造呢？下面分别从宏观和微观方面来进行讲解。

### 1. 宏观方面

从宏观角度来看，爆文内容应该具备以下3个特点。

（1）内容要有特色。在微信公众平台的内容方面，要把握好以下两个要点，从而提升平台的内容特色。

● 个性化内容：个性化内容不仅可以增强用户的黏性，使之持久关注，还能让自身公众号脱颖而出。

● 价值型内容：运营者一定要注意内容的价值性和实用性，并打造符合用户需求，对用户有利、有用、有价值的内容。

**专家提醒**

不论是哪方面的内容，只要能够帮助用户解决困难，就是好的内容，因为只有有价值和实用的内容，才能留住用户。

（2）增强内容的互动性。通过微信公众平台，运营者可以多推送一些能调动用户参与积极性的内容。单纯的互动信息推送没有那么多的趣味性，如果和内容相结合，那么就能够吸引更多的人参与其中。

（3）激发好奇心的内容。

运营者如果要让目标用户群体关注公众号，就要激发他们的好奇心，如设置悬念、提出疑问等，这样往往能起到事半功倍的作用。

### 2．微观方面

上文从内容方向上对爆文要具备的特点进行了阐述，下面将从一篇具体的文章出发，谈谈怎样打造爆文，如图10-2所示。

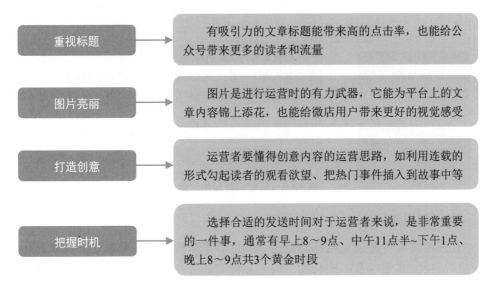

| 重视标题 | 有吸引力的文章标题能带来高的点击率，也能给公众号带来更多的读者和流量 |
| 图片亮丽 | 图片是进行运营时的有力武器，它能为平台上的文章内容锦上添花，也能给微店用户带来更好的视觉感受 |
| 打造创意 | 运营者要懂得创意内容的运营思路，如利用连载的形式勾起读者的观看欲望、把热门事件插入到故事中等 |
| 把握时机 | 选择合适的发送时间对于运营者来说，是非常重要的一件事，通常有早上8～9点、中午11点半~下午1点、晚上8～9点共3个黄金时段 |

**图 10-2　从内容的微观因素方面打造爆文的方法**

## 10.2.2　社群——同类人

在互联网迅速发展的影响下，我国已走进了社群经济时代。每一个社群里的成员或是有共同的爱好，或是有共同的目标。总之，每个社群里的成员都是由某个点来维系的。而运营者在引流过程中要做的是撬动这个点，从而让用户关注商家的微信公众号。一般来说，可以从两个方面着手。

### 1．运营好社群

如今不少的微信群，已经成为消费者搜索产品、品牌，进行互动交流的重要场所。微信群可以实现一对多的沟通，为企业提供接近消费者的互联网平台。

初始微信群的人数上限是40人，后扩展到100人，如今，微信群的人数上限已经扩大到500人。下面就来了解一下社群营销在微信群里的运营方式，如图10-3所示。

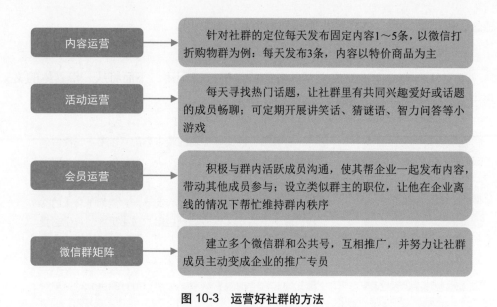

**图 10-3　运营好社群的方法**

### 2. 社群引流

有些运营者可能会犯这样的错误，与社群里的成员稍微熟悉之后就疯狂地开展推广活动，其实这是不明智的。因为和你同处一个社群的成员都有着个人的喜好和思想，这样的做法只能给他们留下不好的印象。那么，运营者应该怎样利用社群引流呢？

（1）培养一定数量的铁杆粉丝。企业可以通过制订详细的粉丝计划来大力培养自己的铁杆粉丝，树立相同的观念，最终成功打造拥有铁杆粉丝的社群运营平台。企业在"培养铁杆粉丝"的过程中，可以从以下 3 个方面出发，一步一步地进行铁杆粉丝的培养计划。

● 聆听用户的心声、与用户互动、耐心与用户对话。只有这样，粉丝才能感受到被尊重，才能提升用户体验。

● 从粉丝需求出发，通过奖励来提升粉丝的活跃度。分析粉丝的需求、制订好奖励计划，送上用户需求的礼品，这样能大大地增加粉丝的体验度，进一步巩固粉丝的留存率。

● 与粉丝进行线下活动。企业可以在社群运营过程中发布一些活动，为粉丝提供参与的机会、有趣好玩的经历以及优质的用户体验，从而获得更强烈的粉丝认同，并与用户维持亲密关系。

**专家提醒**

"培养铁杆粉丝"的 3 个方面都是以粉丝体验为目的的。让粉丝拥有一个好的体验才能触动其内心，才能促使他们心甘情愿地留在社群中，成为社群运作的一分子。

（2）打造口碑，让用户乐于推广。在社群运营中，想要顺利实现用户的"智造"，就需要使用一些小窍门，比如赠送优惠的礼品，利用用户之间的口碑推荐为品牌树立良好形象，从而打响企业品牌。

而社群运营中的口碑的打造是需要粉丝支持的——在粉丝认可产品、品牌的基础上，心甘情愿地推荐给自己身边的人，从而形成口碑。一般来说，形成口碑的途径主要如图 10-4 所示。

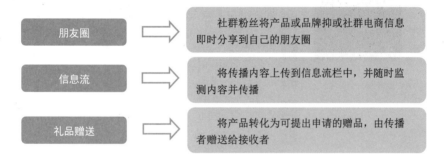

图 10-4　形成口碑的途径

**专家提醒**

赠送礼品是树立产品好口碑的较好途径，因为用户很多时候在乎的是实际的利益。如果企业在社群之中经常开展赠送礼品、优惠券和打折促销等活动，那么用户自然而然就会主动帮忙宣传，传播品牌。

（3）5 大方面，塑造品牌，扩展人气。企业在进行社群营销时，需要注意 5 个方面的问题：一是有自己的独特观点，二是把产品信息介绍详尽，三是要学会互动，四是要学会分享干货，五是要传递正能量，树立好口碑。

例如，致力于打造美食的企业可以通过微信朋友圈发布一些关于美食制作的技巧，或者配上带有文艺气息的文案，便能有效吸引用户的注意力，从而增加用户黏度，打响企业品牌。

## 10.2.3 导入好友——直接

如今微信被越来越多的人使用，并且已经成为众多企业和商家进行运营的必要工具和媒介。而导入手机通讯录好友是一种很简单的利用微信来进行用户引流的方法。

运营者在"微信"界面连续点击"+"｜"添加朋友"｜"手机联系人"按钮，然后进入"查看手机通讯录"界面，点击右边的"添加"按钮即可添加通讯录的朋友，如图 10-5 所示。

**图 10-5 导入手机通讯录好友**

**专家提醒**

要注意的是，目前微信的最新版本中已经取消了 QQ 好友直接导入功能。

## 10.2.4 小程序——实用

小程序一般是与微信公众号关联在一起的，因此，运营好小程序，是有利于吸引用户关注公众号的。下面介绍几种运营小程序的方法。

### 1．提供特定场景：有效增加使用率

对于小程序来说，实用性可以说是制胜法宝之一。那么，如何体现小程序的实用性呢？其中较为简单和直接的一种方法就是提供特定的实用场景，创造机会让受众使用小程序，并将这一行为变成一种习惯，从而有效地增加用户的使用率。

提供特定场景对于以功能取胜的小程序来说尤其重要，因为实用场景的创造不仅能增加小程序的使用率，更能对品牌进行有效宣传。只要做好实用场景，便可以争取大量用户。

### 2．融入潮流元素：保持创新力度

时刻关注市场动态，可以了解其他企业是如何提升用户体验的，进而改善和提高自身小程序的吸引力。分析流行的产品特色，融入潮流元素是保持小程序创新力度的有效手段，也是企业第一时间了解所在领域流行趋势的重要方法。

打造用户体验的方法不计其数，但有的企业仅仅关注小程序本身，或者是小程序的相关服务，而忘记从市场上其他的产品和企业吸取经验。

那么，运营者在打造消费者体验的过程中，具体应该怎样根据市场潮流增加小程序的新鲜体验呢？笔者觉得运营者不妨先认真观察市场的潮流走向，然后把自身的营造方法与别人对比，最后再总结经验教训，为己所用。

**专家提醒**

根据市场趋势适时调整小程序，通过潮流元素的增加，让用户获得新鲜感本身是可取的，但运营者也要注意保持小程序自身的品牌初衷和主要宗旨，而不能盲目跟风，随意改变。

### 3．创意：营造经久不忘的新奇体验

创意是任何小程序都需要具备的特质，而用户体验的打造也少不了创意这一要素。创意带给用户的远远不只是乐趣，更是理性与感性的双重洗礼。

以购物类小程序为例，运营者要想为消费者提供至尊的购物体验，就需要从广告宣传、产品包装、产品销售、产品服务的创意上下功夫。只有这样才能带给用户与众不同的购物体验，而且还能给用户留下独特的印象，使其经久不忘。

那么，要怎样通过创意来增加用户的体验感受呢？笔者认为，运营者需要把握好4个要点，具体内容如图10-6所示。

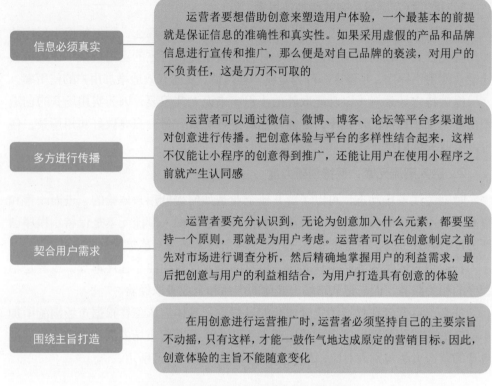

**图 10-6 通过创意来增加用户的体验感受**

# 10.3  6大流量平台，聚沙成塔

除微信平台外，互联网上还有许多亿级用户量的媒体平台，这些平台各有特色。微信公众号正好可以利用这些媒体平台的特色，精准定位目标客户，这样可以使微信公众号拉新引流工作事半功倍。下面就来看看如何在主流的亿级媒体平台拉新引流。

## 10.3.1  微博——话题引流

在新媒体火热发展的当下，微博不仅是一种流行的社交工具，对企业或商家来说，它也是一个重要的引流和营销平台。运营者可以在微博上借助话题找寻用户的同时把他们吸引到微信公众平台上。那么，企业和商家如何在微博上精确找到用户并成功引流呢？

### 1．搜索话题

管理者和运营者在参与某个话题的讨论时，可以通过微博搜索直接找到参与某个话题讨论的人群。如果发现某些用户经常参与"＃带着微博去旅行＃""＃欧洲旅游＃""＃旅游攻略＃"这样的话题讨论，而公众号恰好又是经营旅游的，那么企业就可以在话题讨论时适时推广自身的公众号从而进行引流。

### 2．加入微群

微群是一个人们因为某个共同的爱好或者有共同的话题而聚到一起的场所，是一个进行交流和互动的地方。如果微群的主要话题和公众号的产品有比较紧密的结合点，那么微群里的用户也就是公众号的目标用户，是完全有可能吸引到自身平台上来的。

### 3．分析标签

微博用户往往会根据自己的爱好或者特点为自己的微博贴上不同的标签，这些标签都是用户自身设定的，最能体现出他们的特点及其喜好。

运营者可以通过分析微博用户标签，对他们进行年龄、职业、身份、爱好等归类，如果自身公众号的目标客户正好和某一人群重合，则这类微博用户就会是公众号的目标客户，于是就可以去吸引这些人群关注公众号了。

## 10.3.2　今日头条——个性化引流

今日头条平台是一款个性化推荐引擎软件，它能够为平台的用户提供有价值的各种信息。今日头条平台庞大的用户量，为微信公众平台运营者吸引粉丝、引流提供了强有力的支撑。另外，今日头条平台本身还具有以下 3 个方面的特点。

### 1．个性化推送信息

今日头条最大的特点是能够通过基于数据分析的推荐引擎技术，将用户的兴趣、特点、位置等多维度的数据挖掘出来，然后针对这些维度进行多元化的、个性化的内容推荐。

举例来说，当用户通过微博、QQ 等社交账号登录今日头条时，今日头条就会通过一定的算法，在短时间内解读出使用者的兴趣爱好、位置、特点等信息。

用户每次登录今日头条平台进行阅读、搜索等操作，今日头条都会总结和更新用户相关信息和特点，从而实现精准的阅读内容推荐。

### 2. 信息内容广

在今日头条平台上，其内容涵盖面非常之广，用户能够看见各种类型的内容，以及其他平台上推送的信息。图 10-7 所示为今日头条平台上内容涵盖的范围。

**图 10-7　今日头条平台上内容涵盖的范围**

另外，今日头条平台上新闻内容更新的速度非常及时，用户几分钟就可以刷新一次页面，浏览新信息。

### 3. 分享易、互动强

在今日头条平台推送的大多数信息下，用户都可以对该信息进行评论，各用户之间也可以进行互动。

今日头条平台为用户提供了方便快捷的信息分享功能，用户在看见自己感兴趣的信息之后，只要单击页面上的转发按钮即可将该信息分享、传播到其他平台上，例如新浪微博、微信等。

## 10.3.3　一点资讯——兴趣引流

一点资讯是由一点网聚科技有限公司推出的一款为兴趣而生、有机融合搜索和个性化推荐技术的兴趣引擎软件。与今日头条一样，一点资讯本身也有着庞大的用户量，这为成功引流到微信公众号打下了坚实的用户基础。此外，一点资讯平台的 3 大特色也将为引流提供助力。

### 1．各种类别的最新资讯

在一点资讯平台上，用户可以看见各个领域的最新资讯。该平台主要有 24 个类别的资讯频道，大大满足了各种用户的阅读兴趣和爱好。图 10-8 所示是其部分资讯频道。

图 10-8　一点资讯平台上的部分资讯频道

因此，微信公众号运营者可以在与自身账号相关的资讯频道发布他们的内容，从而吸引更多的用户关注公众号。

### 2．兴趣引擎技术的支撑

兴趣引擎技术是一点资讯平台最核心的技术力量，它是结合了搜索引擎和个性化推荐引擎的特点，而形成的一种新的信息搜索引擎。

兴趣引擎依靠平台系统对用户订阅的信息、搜索的关键词等操作行为，挖掘出更多用户感兴趣的资讯，然后非常精准地抓住平台用户阅读的兴趣需求，将用户最需要的新闻资讯在最短的时间内传递给他们。

### 3．个性化订阅和提升用户体验

上文已经提及，兴趣引擎技术能精准地把握用户的兴趣需求，正因为如此，一点资讯平台凭借其特色的兴趣引擎技术为用户实现了个性化新闻订阅，基于用户的兴趣为其提供资讯内容。

一点资讯可以借助用户登录时选择的社交软件类型、选择的兴趣频道等操作收集相关信息，整理成数据资料，然后再根据这些资料推测出用户感兴趣的新闻领域。一点资讯的平台特色主要表现在两点，具体如图 10-9 所示。

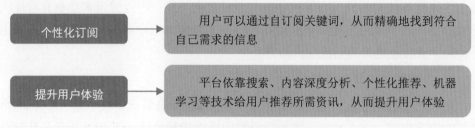

**图 10-9　一点资讯的平台特色**

在图 10-9 所述的平台特色支撑下，运营者在一点资讯平台推送的内容能被那些有需求的读者关注到，而这些读者便是微信公众号的目标用户群体。这些读者可能想要了解关于运营主体的更多内容而去关注微信公众号，因此，实现引流也就轻而易举了。

## 10.3.4　百度——海量流量资源

百度是由每天 2.5 亿次访问所构筑起来的商务交易平台，每天有超过 6000 万人次查询信息，是使用量最大的中文搜索引擎，也是网民最常使用的中文搜索引擎。而百度百家和百度贴吧作为百度平台里最好的新媒体平台之一，运营者必须好好利用。

首先来介绍百度百家平台。百度百家平台是百度旗下的一个自媒体平台，于2013 年 12 月份正式推出。运营者入驻百度百家平台后，可以在该平台上发布文章，然后平台会根据文章阅读量的多少给予运营者收入。与此同时，百度百家平台还以百度新闻的流量资源作为支撑，能够帮助运营者进行文章推广、扩大流量。

**图 10-10　百度百家平台官网首页**

百度百家平台上涵盖的新闻有 5 大模块，即科技版、影视娱乐版、财经版、体育版和文化版。且百度百家平台排版十分清晰，用户在浏览新闻时非常方便。在每个新闻模块的左边是该模块的最新的新闻，右边是该模块新闻的相关作家和文章排行。图 10-10 所示为百度百家平台官网首页。

基于百度新闻的流量、浏览的便捷性和内容的多样性，众多用户是这一平台的忠实粉丝。因此，运营者也可以进驻这一平台来进行引流。

接下来介绍百度贴吧平台。百度贴吧是网民空闲时喜欢集聚的地方，许多运营者都会选择在百度贴吧里做网络营销推广，利用发布"软文"的方式与网民互动、交友。百度贴吧里设有广告发布专用帖，运营者只要输入需要发布的广告内容，即可直接提交。

那么，具体应该怎么互动和引流呢？运营者不要做潜水人员，应该到各贴吧及帖子里冒泡，体现出活跃度和积极性。下面介绍几种在平台上积极参与互动的方法。

### 1. 给人解答

在贴吧中，解答网友问题可增加经验值或积分。但是，在解答问题前应选择自己比较熟悉的问题，最好能把自己在贴吧上写的文章用上，提升文章的关注度。

### 2. 积极回帖

运营者应该对贴吧上的热门帖主动积极地评论，最好写出自己的感悟，不要过于敷衍。如"赞""太棒了""好帖"等客套式词语，只会让人认为你在混经验。

贴吧推广是一个循序渐进的过程，如果一味单方面地不断地推广自己的平台，不与网民互动，很容易让人感觉这是广告帖，而适当地把握好这个度，持之以恒，则会有很大的收获。

### 3. 踊跃顶帖

运营者应该踊跃地把首页火爆的帖子顶上去，增加存在感和提升网民的印象，此外，还可以针对自己的产品用户群选择一些比较火的文章进行顶帖，最好能抢到帖子沙发或板凳。

注意顶帖时不要回复"好帖""路过"和"打酱油"等一系列苍白的评论。这种情况太过于恶劣，管理员发现了以后，会直接删除帖子。如果你顶帖频繁，并且处于持续被管理员删除的状态，很容易被网站降权。

### 4. 邀请好友

帖子发布完毕之后，运营者应当第一时间邀请贴吧好友或者 QQ 好友参与话题讨论，以增加文章的浏览量和给予好评。

## 10.3.5 简书——基于内容分享

简书平台是一款推出了结合写作与阅读于一体的社交型互联网产品，同时它也是一个基于内容分享的社区。简书拥有以下 3 种客户端：PC 客户端、PC 网页端和手机客户端。

简书平台拥有以下 4 项功能，这些功能能够满足简书用户大部分需求，同时能够为用户提供更好的使用体验，如图 10-11 所示。

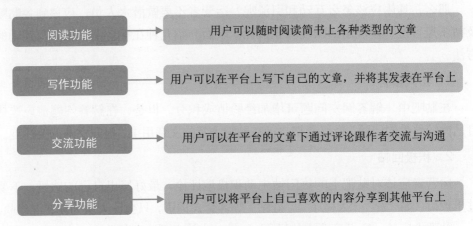

| 阅读功能 | 用户可以随时阅读简书上各种类型的文章 |
| 写作功能 | 用户可以在平台上写下自己的文章，并将其发表在平台上 |
| 交流功能 | 用户可以在平台的文章下通过评论跟作者交流与沟通 |
| 分享功能 | 用户可以将平台上自己喜欢的内容分享到其他平台上 |

**图 10-11　简书平台的功能介绍**

其实，这 4 项功能都是微信公众号运营者吸引粉丝不可缺少的。另外，简书平台上还有一个打赏功能，借助这一功能，一方面，运营者可以通过优质内容吸引用户打赏，并把他们引流到公众号上；另一方面，运营者还可以通过打赏别人，引起对方关注来吸引粉丝。

## 10.3.6 知乎——分享知识和见解

知乎平台是一个社会化问答社区类型的平台，目前月访问量上亿。知乎平台的口号是："与世界分享你的知识、经验和见解。"知乎拥有 PC、手机两种客户端。

在知乎这样的问答平台上，运营者可以以提问题和回答问题的方式，利用平台进行推广和引流。问答推广有其特定的推广技巧和方法，可分为自问自答型和回答问题型。

### 1．自问自答型

在问答推广和引流中，自问自答型效率最高，以自己提出问题，自己做出答复的方式来进行。运营者可以根据公众号所在行业、产品信息和网民的搜索习惯，选取有搜索量的目标关键词，然后去问答平台自问自答。

下面介绍几种自问自答型的推广和引流方法，如图 10-12 所示。

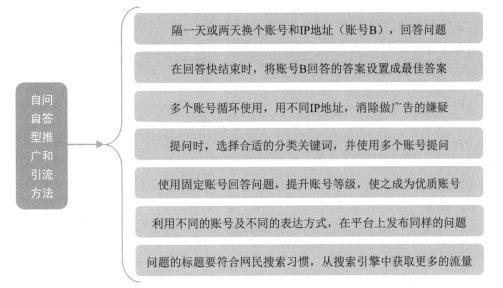

**图 10-12　自问自答型的推广和引流方法**

### 2．回答问题型

回答问题型比自问自答型难度大，因为运营者需要去选择适合推广公众号产品的问题进行回答，而回答的答案中推广产品的意味又不能过于突出，因此要把握好力度。

下面介绍几种回答问题型的推广和引流方法。

（1）答案要有质量。回答问题一定要有质量，不能胡乱回答。如果提供的答案靠谱或具有影响力，极有可能会被设置为最佳答案，从而能够提升账号的信誉度和账号等级。

（2）控制好回答的量。同一个账号，每天回答的问题最好不要超过 10 个，因为回答过多容易被封号。

（3）慎留链接。级别低的账号在回答问题时，内容里一定不要放置链接，以防账号被封或链接被屏蔽。级别高的账号可将链接放置在"参考资料"一栏，且不要多放。

# 10.4 不可忽略的其他引流方法

除了利用微信和那些有着巨大流量的平台来引流外，还有其他一些实用的方法可供运营者参考。下面就来举例介绍一二，以便充实运营者的实战技巧。

## 10.4.1 大号互推——找准互补性平台

大号互推是微信公众号营销和运营过程中比较常见的现象，其实质是企业和商家建立账号营销矩阵（指的是两个或者两个以上的公众号运营者达成协议，进行粉丝互推，提升各方的曝光率和知名度，最终有效吸引粉丝关注），以期达到共赢的目的。

### 1. 找到合适的大号群体

大号互推的目的是实现共赢，因此，在选择合作的大号方面要慎重，从而为合作愉快并维持稳定的互推关系打下基础。那么，从自身来看，应该怎样选择适合自己的大号呢？

（1）大号是否名副其实。如今，不同的平台，不仅粉丝数量有差异，粉丝质量同样参差不齐，这就使得有些"大号"不能称之为真正意义上的大号。因此，运营者要具备对新媒体账号的判别能力。

具体来说，运营者可从新榜、清博等网站的统计数据来查看各个平台推出内容的阅读数、点赞数、评论数和转发率等参数。当然，有些平台账号的这些参数明显是有水分的，比如一个平台账号每天推送的内容的阅读数、点赞数都相差无几，这时候运营者就要特别加以注意了，其参数的真实性值得怀疑。

（2）用户群、地域是否契合。一个公众号账号的用户群和地域分布，一般是有其规律和特点的，运营者应该从这一点出发来选择合适的大号。

首先，在用户群方面，应该选择那些有着相同用户属性的大号，这种大号的用户群才有可能被吸引过来。

其次，从地域分布来看，假如运营者想在某个区域做进一步的强化运营，那么就可以选择那些在该区域有着明显的品牌优势的大号；如果运营者想要做更大范围的运营，那就应该选择那些业务分布广泛的大号。

（3）选择合适广告位。无论是线上还是线下营销和推广，广告位都非常重要，因此广告位的选择原则是，不选最好的就选最合适的。选择合适的大号互推也是如此。

一般来说，植根于某一平台的新媒体大号，它所拥有的广告位并不是唯一的，而是多样化的，而且越是大号，其广告位也就越多，广告效果和收费标准各有不同。此时就需要运营者从自身需求、预算和内容等角度出发，量力而行进行选择了。

在微信公众平台上，其广告位有头条和非头条之分，它们都是按照广告的条数来收费的。当然，头条和非头条的价位也是明显不同的，头条收费自然是最贵的。除了这些呈现在内容推送页面的广告位外，还有些广告位位于推送内容中间或末尾，如 Banner 广告（末尾）和视频贴片广告（中间）等，这些广告位既可以按条收费，也可根据广告效果来收费。

### 2．提升互推效果

在找到了互推资源并确定了一定范围内的合适的互推大号后，接下来运营者要做的是怎样最大程度地提升互推的效果，也就是应该选择何种形式互推以获取更多的关注和粉丝。

（1）筛选大号。最终确定互推的参与方是提升互推效果的关键一环。此时可从两个方面去考查，即互推大号的调性和各项参数，具体分析如图 10-13 所示。

| 互推大号的调性 | 从调性方面来看，首先应该确认大号是否适合自身内容和账号的推送要求，假如不适合，那么这个新媒体账号的粉丝再多也是不可取的 |
| --- | --- |
| 互推大号各项参数 | 主要包括粉丝数、阅读数、点赞数和评论数等。一般来说，这些数据是成正比的，然而也有例外，有时粉丝数差距为10万~20万，但阅读数相当。因此，运营者应该根据一段时间的比较稳定的数据来筛选互推大号 |

图 10-13　筛选互推大号

在根据图 10-13 中的两个方面进行综合比较和分析之后，运营者便可最终确定筛选结果了。此时笔者要提醒大家的是，不要忘记各个关于新媒体平台的排行榜，灵活参考效果将更佳。

（2）建立公平规则。公众号运营者在文案中进行互推时，建立公平的规则是很有必要的，只有这样才能长久地把互推工作进行下去，否则极有可能半途夭折。而要设定公平的互推规则，有两种方法，即"一头独大"的固定式互推排名和"百花齐放"的轮推式互推排名，具体内容如下。

"一头独大"的固定式互推排名：其中的"固定"意在组织者或发起人的排名是固定的，而不是指所有的互推的排名都是固定不变的；其他大号的排名是以客观存在的新媒体排行中的某一项参数或综合参数为准来安排的。这种排名方式一般对组织者或发起人有利，但是并不能说这种方式是不公平的，因为相对于其他大号来说，组织者或发起人的工作明显更繁重，所有相关的互推工作一般都需要他们去统筹和安排。

"百花齐放"的轮推式互推排名：为了吸引那些质量比较高、互推效果好的大号参与，组织者或发起人也有可能选择轮推的方式来进行互推排名。这里的"轮推"是把组织者或发起人安排在内的，它是按照轮推的方式来进行互推排名的，而不像"一头独大"的固定式互推排名一样。

（3）创意植入广告。事实证明，公众号如果强势互推，不仅达不到预期的效果，反而会引起用户的不满。企业和商家要想在文案中植入互推广告，必须把握两个字："巧"和"妙"。那么具体如何做到这两点呢？有以下几个策略可供参考，如图10-14所示。

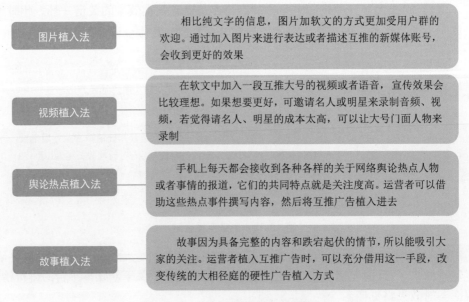

图 10-14　创新互推文案的策略介绍

## 10.4.2　通过活动转粉——高质量用户

活动运营不单单是一个运营岗位，同时也是不断推出新产品的总指挥，无论线上线下，活动运营都是推广产品和引流的必备之选。

运营者可以通过在公众平台上或者其他平台上开展各种大赛活动来吸引粉丝或引流。这种活动通常在奖品或者其他条件的诱惑下，拥有较多的参与者，而且通过这种大赛获得的粉丝质量都会比较高，因为他们会更加主动地去关注公众号的动态。

以微信公众平台"手机摄影构图大全"为例，该平台根据其自身的优势，在自己的平台上开展了一个"图书征图征稿"活动。图10-15所示为该公众平台对这次举办的活动的相关介绍。

图 10-15　公众平台开展征稿大赛活动的案例

## 10.4.3　百度热词——搜索引流

每一个热点、热词的出现，都会在公众号平台广泛传播，比如，"新中产""敬业福""新年快乐"等词都在微信公众号中有过一段热潮。图10-16所示为与热词"新中产"有关的微信公众号内容。

那么，这些热词是怎么来的呢？营销者可以关注百度热词，即百度搜索风云榜里的词。通常这一类词都是人们搜索最多的、最具有时代效应的，而且热词每个月都会进行更新，排名越靠前代表搜索的热度越高。

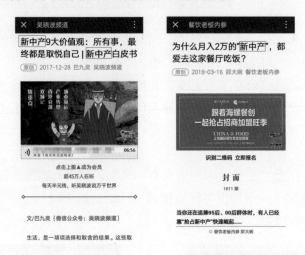

**图 10-16　与热词"新中产"有关的微信公众号内容**

那么，如何利用百度热词来进行引流呢？首先在网页上打开"百度风云榜"，寻找热门关键词。从实时热点、排行榜上，运营者可以看到哪些热点和关键词被搜索了，然后他们可以结合"热词"发软文来进行推广和引流。具体过程如图 10-17 所示。

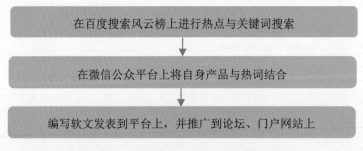

**图 10-17　利用百度热词引流的具体过程**

# 第 11 章
## 持续之战：从留住用户到促活，有诸多技巧

用户始终是运营工作中的重中之重，没有用户，所有的运营工作都将是徒劳的。前面已经介绍了如何把用户引流到平台上，接下来就介绍如何把引流来的用户留住并积极活跃在平台的诸多技巧，希望能为大家提供帮助和借鉴。

 **要点展示**

- ◆ 12 招，让用户留在平台
- ◆ 7 招，让用户迅速活跃起来

# 11.1　12招，让用户留在平台

对运营者来说，把用户成功引流到平台上是不够的，我们还要做的是把这些引流来的用户成功地留在平台上，让他们为平台的发展提供助力。本节就围绕这一问题，对多种技巧进行讲解。

## 11.1.1　击中痛点：打造一个不忍舍弃的理由

古语有云："兵在精而不在多。"其实，不仅在军事领域如此，它同样适用于互联网时代的微信公众号运营工作。

任何平台的运营者，假如追求的是全面，那肯定会吸引很多用户，但这会耗费巨大的人力、财力，且在追求全面的过程中，可能一不留心，就会出现知识性方面的错误，会让用户产生不信任感，往往得不偿失。

因此，对于一般的运营工作来说，我们应该专攻一点，试图在某一点上做到极致，从某一极致的点上针对特定用户人群，解决他们的痛点需求。那么，这些有着明确指向的用户人群，将会成为平台的忠实粉丝，这一点毋庸置疑。

基于此，运营者要想更有效地将更多用户留在平台上，就需要将平台的功能或内容设置得简单一些。专门从某一角度有针对性地解决用户的痛点，不失为一种好的运营技巧。

就如"构图君"，他在推出"手机摄影构图大全"时，是专攻"摄影构图"这一块的，为那些不知、不精于摄影图片布局的爱好摄影的人士解决摄影痛点问题，最终打造出一个让用户不忍舍弃的平台。

## 11.1.2　优化产品：着力产品，不断提升品质

关于用户留存技巧，说一千，道一万，归结为一点，那便是从平台产品上下功夫。

也就是说，如果你的产品主体是技巧性、专业性的文章内容，那就应该提供有自己观点和见解的优质内容，并根据需要不断进行优化。如果你的产品主体是商品，就应该保证产品质优价廉，让用户爱不释手。

在优化产品方面，各大电商平台就做得很好。在如今电商平台如雨后春笋般不断出现的环境下，它们的营销策略也层出不穷。它们不仅在商品自身，还在宣

传内容上，都有大的突破。它们不仅以各种方式对商品质量做出承诺，还搭配了不同的展现方式。这些都是值得在微信公众平台进行营销活动的管理者和运营者借鉴的，且已有很多企业、商家在推广过程中借用微信这一渠道，辅以各种技巧和方式，取得了不错的效果。

不论是推送内容的优化，还是商品的优化，归根结底还是平台产品的优化。假如你经常推出的是相同的或是"换汤不换药"的内容，抑或是你经营的商品在品类、品牌、款式上没有任何更新，那么这样的平台产品是留不住用户的。只有不断优化、不断推陈出新，才是留住用户的不二法门。

## 11.1.3　解决问题：及时提供有针对性的办法

在已经收集和整理了用户的反馈和体验的情况下，运营者就能清楚地知道运营的问题所在，也能更好地了解用户的需求。在此基础上，有针对性地解决用户提出的关于平台的不同的问题，对于留住用户即减少用户的流失率有很大作用，如图 11-1 所示。

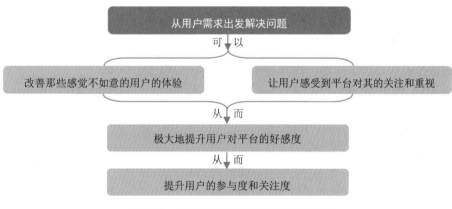

图 11-1　有针对性地解决用户问题分析

## 11.1.4　展示不足：大胆承认，不断前进

在运营过程中，由于各种原因，总会出现一些错误或疏漏之处，对这些问题，

我们要勇敢地承认，而不能避而不谈。

你承认了，就代表你已经认识到自己的不足，这本身就是一种巨大的进步。如果用户没有指出来，或是你自己没有发现，那就表示那个问题和不足之处一直存在，也就意味着，你仍然没有取得进步。

而你认知到自己的不足，就会下意识地去改进，并在后来的运营工作中时刻加以注意，这样可以避免在后来的工作中出现同样的问题。如此，用户既看到了你的不足，也看到了你的进步，可以很清楚地了解到平台账号的运营水平是在不断进步的，这样就能在很大程度上提升用户的好感和黏性，有利于留住用户。

## 11.1.5　深表理解：站在用户角度感情共鸣

我们的运营工作，并不能得到所有用户的喜欢；即使所有用户都喜欢，也不能保证每一次的运营成果和宣传消息都能让用户认同。此时，在用户群体中就会出现不同的言论。当有些关注者或由于心情原因，或是其他方面的原因，而对运营者提出质疑，甚至做出恶意评论时，运营者也应该予以理解，而不能以恶劣的态度予以回击。

在这样的情况下，我们一方面可以有理有据地从侧面委婉地回答，另一方面可以引导用户关注平台的后期表现。这样在给予用户充分尊重的情况下，运营者不仅能提升用户的关注度，而且能成功地为平台留住用户。

另外，如果用户有某一方面的要求，那么运营者可以在合理的范围内尽量满足；如果不能做到，那么首先要以理解的方式说明对方要求的合理性，然后再说明做不到的理由。

只有运营者做到了以上这些，用户才能增加对平台的好感继续以及留在平台。

## 11.1.6　征求意见：多方开展用户参与

学会倾听，是一个人需要学会的良好特质，对运营者来说更是如此。当然，这里的学会倾听，不仅表现在被动的倾听上，还表现在主动要求倾听上。也就是说，运营者要有向用户征求意见的想法，从用户出发，为用户而运营，最终实现为用户服务的目标。

有什么没有想到的，可以向用户征求意见，以期让平台运营更优化，把平台建设得更美好。有什么做得不好的，也可以向用户征求意见，以期改进，以便在后来的工作中找到更好的解决办法来提升平台的运营水平。

学会倾听，向用户征求意见，都是不断改进、不断完善的过程。用户的众多建议都在平台的运营中得到了落实，对平台自身有着巨大的意义；对用户而言，平台的建设也有着他们的参与，他们会产生一种"我与平台同在"的归属感。这样的用户，足可称得上是"铁杆粉丝"了。

## 11.1.7  做好保证：先必有言，然后提供结果

一般来说，在互联网时代，运营者与用户之间并不是直接面对面地进行互动的，因而双方在信任方面会经常出现问题。那么，运营者应该如何降低这一问题的影响呢？

在笔者看来，做好保证，并说到做到，才是运营者逐渐与用户建立信任的基础，也是让用户对平台产生好感的重要条件。

特别是对在微信公众平台上经营电商业务的企业和商家而言，用户一般都会担心买到质量不合格或达不到心理预期的产品。此时，企业和商家唯一能做到的就是做好保证，给用户一个承诺，让用户下定决心消费。假如用户收到的商品足够好，在质量上有保证，那么企业和运营者用一句保证换来的是销售量的提升，以及一个具有购买力的忠实的用户。

而对于一般的内容平台而言，运营者在运营过程中对其产品和服务做出承诺，也是有必要的。就拿某平台举办的一项活动而言，对用户做出承诺——"留言送书"。因此平台运营者在后续的平台推送信息中，就应该把活动的结果展示给用户，给符合条件的用户寄去图书，并提醒用户查收。

从做出保证到让用户亲眼看到承诺的效果，无疑可以提升活动的真实性和让用户产生对平台的好感，用户也就有了更多的理由留在平台上。

## 11.1.8  给出奖励：以实在利益留住用户

"财帛动人心"，利益无疑是吸引用户和提升用户黏性的有效方法之一。前文提到的"留言送书"就包含了给出奖励的技巧在内。

其实，这样的活动对于企业和运营者而言，可谓是家常便饭——各种各样的福利和赠品的活动在时刻进行着，让用户乐于参与，也乐于持续关注平台。

当然，给出奖励的活动在运营过程中也不是可以随意设置的，运营者要考虑平台的可行性，要量力而行——既能提供更多的动力让用户关注平台，又能保证不食言而肥。

因此，运营者在策划活动和给出奖励时，既要在自身的能力范围内给出更多的奖励，又要保证奖励能准确地到达用户手中。只有这样给出奖励的活动，才是运营活动的正确打开方式，才能让用户继续留在平台上。

## 11.1.9　加入链接：巧妙完成引导用户阅读

链接是一个很好的提高阅读量的入口。对于运营者来说，最好每一条回复中都加上一些文章的链接，来引导用户阅读，从而让用户在平台停留更长时间。例如"罗辑思维"微信公众号在发送自动回复的时候，就会在最下面放一条文章链接，如图11-2所示。

图11-2　在回复中嵌入文章链接

## 11.1.10　利用游戏：让用户走心的黏性剂

设置一些有趣的小游戏，既可以吸引用户的参与和留住用户，又能增加平台的趣味性。设置游戏最好能够掌握如图 11-3 所示的几点规则。

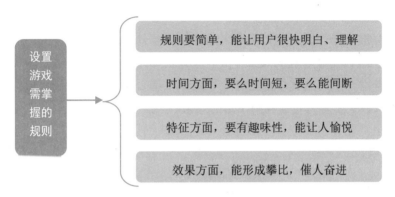

**图 11-3　设置游戏需掌握的规则**

例如，微信公众号"西窗烛 App"，就专门设置了名为"诗词游戏"的菜单，又在欢迎页面安排了引导用户进入游戏的设置，这就使得那些喜欢诗词、喜欢游戏的读者持续关注平台动态。图 11-4 所示为"西窗烛 App"微信公众号上安排的游戏。

**图 11-4　"西窗烛 App"微信公众号上安排的游戏**

## 11.1.11 微信群：创建提升互动的平台

许多企业都会建一个或者多个微信群，也加入了很多的微信群。但如何利用这些微信群去积攒人气并提升与用户粉丝之间的互动，从而成功留住用户，其实很多运营的朋友都没有掌握到要领。

微信群推广操作起来比较简单，而且不需要什么成本。通过微信群，运营者更能与用户达到较好的互动效果——运营者既可以找每个群员单独聊天，还可以通过微信群发二维码去宣传企业公众号或 App 等。只要合理地利用微信群做宣传并积攒人气，运营者肯定会收到不错的效果。

在这里，笔者主要分享一下自身"运营和玩转微信群"的技巧，具体内容如图 11-5 所示。

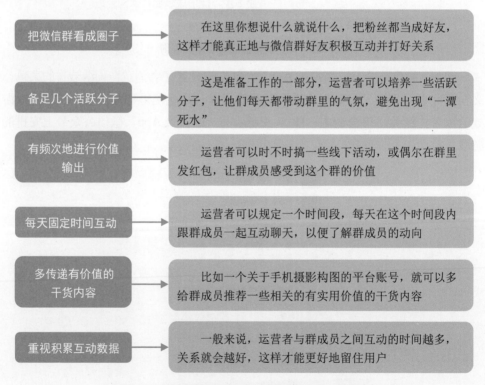

把微信群看成圈子 —— 在这里你想说什么就说什么，把粉丝都当成好友，这样才能真正地与微信群好友积极互动并打好关系

备足几个活跃分子 —— 这是准备工作的一部分，运营者可以培养一些活跃分子，让他们每天都带动群里的气氛，避免出现"一潭死水"

有频次地进行价值输出 —— 运营者可以时不时搞一些线下活动，或偶尔在群里发红包，让群成员感受到这个群的价值

每天固定时间互动 —— 运营者可以规定一个时间段，每天在这个时间段内跟群成员一起互动聊天，以便了解群成员的动向

多传递有价值的干货内容 —— 比如一个关于手机摄影构图的平台账号，就可以多给群成员推荐一些相关的有实用价值的干货内容

重视积累互动数据 —— 一般来说，运营者与群成员之间互动的时间越多，关系就会越好，这样才能更好地留住用户

**图 11-5　利用微信群来积攒人气和留住用户的技巧**

## 11.1.12　群规：给用户一个清新的环境

　　创建微信群是为了巩固粉丝，以及积攒人气与并与粉丝互动。但是你的平台账号不可能是独特的，总会有和你类似的平台账号。因此，运营者就要考虑到自己的粉丝会不会被同行给吸走了。因为如果同行积攒人气的方式比你的更有吸引力，那么你的粉丝就会放弃你，而选择一个更好的微信群。

　　企业与企业之间的竞争也不外如此，所以在创建了微信群之后，运营者最好要建立一些让用户无法拒绝的群规，让用户老老实实地待在你的微信群里，而不会因为外面同行的诱惑而离开你的微信群。微信群群规可以很好地约束用户，俗话说"没有规矩，不成方圆"，就是这个道理。

　　那么，问题来了，要建立什么群规才能约束到粉丝，并让粉丝能够自愿留在你的微信群而不受到其他同行的诱惑？如何让你的微信群发挥最大的价值呢？接下来，笔者将举例分析建立群规的相关内容。

　　● 统一群名片：为了便于快速相互认识，要统一群名片，运营者可以自己设定。笔者在这里以"姓名＋地区"为例，统一群名片，如"张三＋湖南"。

　　● 在群里可以发布分享消息：如干货文（必须是有实用价值的干货），自己的原创文章。

　　● 刺激分享：在群里注明需要帮忙转发的文章，并发不少于100元的红包。

　　● 发放红包：群里不定时发放红包雨，而用户不能只是为了来抢红包而进群；不发红包而退群，也是不可以的。

　　● 分享有价值的内容：运营者多分享关于自身平台的有实用价值的干货文，让用户知道你的平台价值，这样才能留住用户学习。

　　● 缴纳群费：进群之后，每名成员要缴纳不少于10元的群费，群费会在每个成员加群两个月之后双倍返还。如果成员中途退群，那么群费就不予返还。

　　● 保证消息的健康性：群里发布的消息必须健康，不然会引起其他群成员的不满，降低微信群的质量。

　　● 群里定期举行活动，包括"线上活动"和"线下活动"。线上活动可以是有奖竞猜之类的，线下活动可以是关于吃喝玩乐之类的。只要是可以吸引粉丝的活动，都能促进运营者与粉丝之间的互动，培养有质量的粉丝。

　　虽然笔者讲的这些群规还只是些皮毛，但是笔者相信广大运营者在看完之后，心里已经形成了一套属于自己的群规，并且会把粉丝套得牢牢的，养得肥肥的，不给其他同行一丁点儿圈粉的机会。

# 11.2  7招，让用户迅速活跃起来

相信运营者在运营过程中已经注意到了，每次推送的图文信息的阅读量最多只有用户数的10%。其他没有阅读内容的用户，有些是对此次信息不感兴趣，更多的用户则是在关注之后就沉默了。对于这些沉默的用户，运营者应该怎么做呢？笔者从7个方面来具体介绍怎样让用户活跃起来。

## 11.2.1  提示等级，见证用户成长

现在，很多企业和商家的运营平台上，都设置了用户的成长等级。这一设置的作用，除了有利于用户管理、给用户提供更贴心的服务外，还是促活用户的有效措施。

对用户来说，其成长等级越高，代表用户可享受的特权就越多，因而用户都希望自己的等级越来越高。而为了提升自身等级，用户一般需要有更多贡献值，而更多贡献值的来源是包括多个方面和多种形式的。不论哪一个方面和哪一种形式，用户都需要活跃在平台上，而其贡献值是其活跃程度的表现。

可见，在平台的用户运营中，设置合理的、合适的用户成长等级，是有利于用户促活的。

## 11.2.2  等级福利，让用户迅速成长

既然提及了用户的成长等级与可享受的特权，那就不能不说用户等级福利的设置与用户促活之间的关系。

人们常说平等，然而把"平等"这一理念放在用户运营中，其意义便发生了一定的变化。这里的平等指的是所有的用户都有权利获得更高用户成长等级，所有用户等级上升的标准是一样的，而不是说所有用户（不同等级的全体用户）可

享受的权利是一样的、平等的。不同等级之间的用户可享受的福利存在差异，所谓"多劳多得"就是如此。

　　用户等级福利的设置为用户活跃度提供了一个成长的目标和理由，因为用户知道，只有付出更多的贡献值，才能提升等级，并享受相应的等级福利。如果在用户运营中，所有的用户等级可享受的福利是一样的，那么用户那么努力地完成等级成长、积极在平台上活动又是为了什么呢？难道纯粹是为了那一个好听的虚荣的等级名称吗？笔者认为，可能在一些用户看来，等级名称是很重要的，然而他们更加看重的还是等级成长之后的福利。

## 11.2.3　开展活动，有效促活用户

　　想要让用户活跃起来，开展活动是一种比较有效的方式。一般来说，只要是活动，对于促进用户的活跃度都有一定的影响，只是这种影响有大有小。

　　而在运营过程中，我们一般会选择那些能极大地活跃用户的活动。在此，笔者简单介绍人们常见的促活用户的活动，如图 11-6 所示。

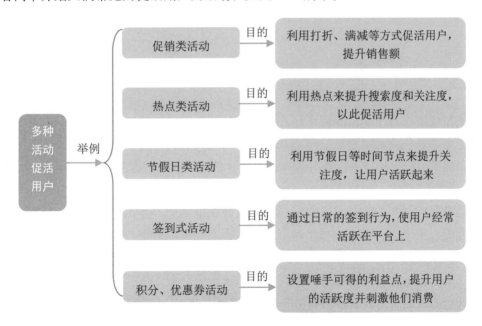

**图 11-6　多种活动促活用户**

## 11.2.4　物质激励，让用户动起来

除了活动外，企业和商家制定的用户激励机制也是一种必要的促活用户的技巧，一般包括物质、精神等方法。在此，介绍利用物质激励机制促活用户的方法。

这里的"物质"既可以是具体的物质，也可以是虚拟的物质。利用不同形式的物质进行用户促活，是众多企业和商家选择的方式，具体分析如图11-7所示。

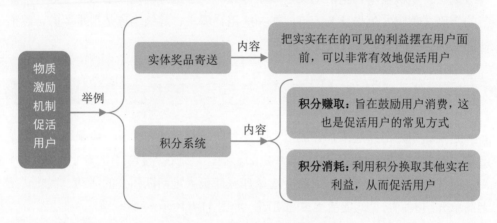

**图 11-7　物质激励机制促活用户**

## 11.2.5　精神激励，无形中的触动

相较于物质激励机制促活用户而言，精神激励机制所耗费的成本明显更少，它更多的是从满足用户的心理需求出发，用能代表人自豪、荣誉的方式来激励用户和促活用户。相较于物质激励来说，精神激励的影响明显更持久。

以勋章为例。一般来说，在现实生活中，只有做出巨大贡献和成就的人才能获得勋章，其代表的是荣誉和地位。人人都获得勋章，这在现实生活中是不可能实现的。基于这一点，一些平台以颁发虚拟勋章来激励用户关注，并让用户积极活跃在平台上。

又如，排行榜和特权都是用户积极活跃在平台上并持续有着某种活跃行为才都拥有的，是从精神层面激励用户的两种主要方式。

● 假如用户根本不去关注平台，对平台建设没有任何助力，那么其在排行榜上的位置必然是靠后的，自然也丧失了"特权"。因此，为了获得特权及更高的排行，

用户们会急于表现，经常关注平台和参与平台活动。

● 对于那些在排行榜上靠前和拥有了特权的用户而言，他们有一种"木秀于林"的危机感，自然也就激励他们更多地活跃在平台上。

## 11.2.6 功能激励，牵动用户好奇心

用户作为个体的人而存在，是具有好奇心理的。而平台功能的开发和升级能提升用户的活跃度。具体来说，主要表现在两个方面。

（1）升级的付费功能。在微信公众平台上，既有付费阅读的内容，也有免费阅读的内容。在付费和免费两种方式的对比下，人们一般会认为："免费的都是廉价的，甚至没有价值。"所以，运营者需要对公众号进行功能升级，形成付费阅读内容，从而创新用户的看法，让用户更有意愿去关注平台。

（2）开发的新功能。人们每天都在关注平台账号，而开发出新功能无疑是平台发展过程中的一大进步。另外，对周围变化的感知，也是用户的重要能力之一。因此笔者相信，更多的用户愿意进入平台账号去尝试平台新开发的各种功能。

## 11.2.7 信息通知，让用户知道你

运营者和平台每天推送信息，用户每天接收信息，看起来平台与用户之间很活跃。其实不然，利用这种信息的推送和接收来考查活跃度是没有任何依据的，因为平台与用户个体之间没有一对一的直接的接触，长此以往，必然使得用户与平台之间关系漠然。

而要改变这种状态，可以采用更直接的信息通知方式来活跃用户与平台之间的关系。具体来说，利用信息通知的方式促活用户主要有 3 种方式，即短信、电子邮件（EDM）和服务信息（PUSH）。这些方式都能达到以更加醒目、直接的方式来传达信息的要求，从而可以增加平台与用户之间的联系。

### 1. 用短信、服务信息促活

无论是短信还是服务信息，都是信息，因而在实现用户召回上有着共同点。首先，它们都有着比较高的送达率和打开率。这一点对促活召回非常重要，也是运营者选择这一渠道促活用户的主要原因所在。

但是要注意的是，在考虑其优点的同时也不要忘了其存在的缺点。这一类用

户促活方式，一方面，它的内容比较单一，大多是以文字为主的文案形式，有时包含链接，在内容的新颖和吸引力方面明显有所不及；另一方面，这种促活方式用得多了，容易让用户从心底反感，甚至公众号有被拉黑或屏蔽的风险。

可见，用短信、服务信息促活用户，有如一把双刃剑，只有把握一个度，才能对促活用户有效；否则，将会适得其反，让用户讨厌的同时也破坏了前期培育的运营成果。那么，怎样才能让这把双刃剑向好的一面发展呢？一般来说，应该从以下几个方面着手，如图 11-8 所示。

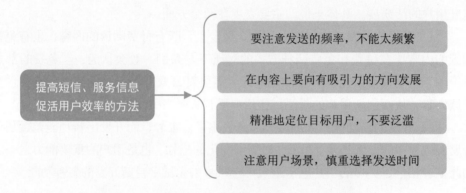

**图 11-8 提高短信、服务信息促活用户效率的方法**

### 2. 用电子邮件信息促活

与短信、服务信息促活用户相比，发送电子邮件来促活用户的优势主要表现在其内容类型的多样性上。除了短信、服务信息方式常用的文字和链接外，电子邮件信息还可以包含图片、视频等内容。当然，任何事物都有两面性，用电子邮件促活用户也是如此，它的劣势主要表现在电子邮件的使用率较低和容易被屏蔽两个方面。

运营者如果想利用电子邮件更好地完成用户促活的任务，那么就需要在两个方面加以努力。

● 标题方面：需要撰写一个非常吸睛的标题，这样用户才有打开的愿望，才有促活的可能。

● 规范方面：应该确立一个符合反垃圾邮件联盟的规范，这样电子邮件才能不被屏蔽。

# 第 12 章
## 终极之战：从掏钱到赚钱，通晓赢利技巧

　　前面所有章节中介绍的是微信公众号运营过程中包括人力、资金在内的各种投入。大多数公众号运营者的目标是获利变现，所以最后必须把工作重心进行转变，那就是从掏钱到赚钱。本章就介绍运营中实现顺利变现的技巧。

 **要点展示**

◆　3个基础，支撑营销推广

◆　7种方式，应用优质内容获利

◆　6种方式，应用运营工作获利

# 12.1 3个基础，支撑营销推广

微信公众号营销是如今比较火爆的营销方式之一，无论是大型企业还是小型企业，都会利用公众号来进行营销，它已经成为企业实现销售目标的一个重要入口。

基于微信强大的社交分享属性，不论是什么类型的企业，在微信平台上，不仅需要有足够多的人流来支持推广和营销，还要注意打造和建立企业品牌及产品的良好形象。可见，要进行营销推广还是需要一定的条件的。那么，在微信公众平台上精心推广需要具备哪些基础呢？

## 12.1.1 品牌故事——让用户持续消费

企业光卖产品是远远不够的，还需要有吸引人的价值。由于每一个企业都有其品牌理念，或有特别的品牌故事，所以企业应从品牌理念为入口，分享与品牌有关的故事，让用户持续关注。下面介绍几种品牌故事的类型，如图 12-1 所示。

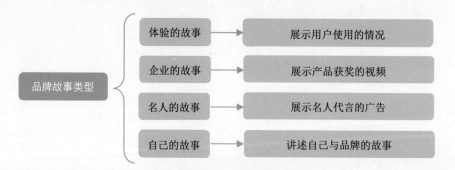

**图 12-1 品牌故事类型**

品牌故事也是一个很好的广告入口，看似是在说与品牌有关的事情，其实是在为品牌的产品打广告。另外，品牌故事能体现出用户的痛点和痒点，让用户产生共鸣并进行关注。

## 12.1.2 品牌形象——让用户信任并消费

企业不仅要有自己清晰的定位——卖什么东西，如何营销，更要重视企业品牌的打造。企业想要给用户留下深刻的印象，让用户马上就能知道自己经营的品牌，就需要利用品牌形象这个入口。往往名声大噪的品牌，很容易吸引用户关注和促进合作。下面提供一些有助于打造品牌形象的技巧，如图 12-2 所示。

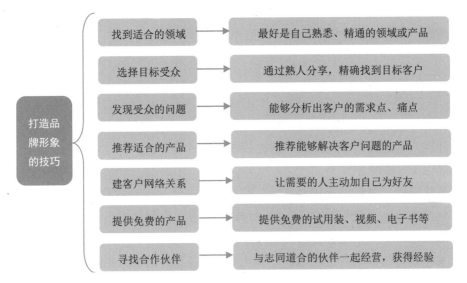

图 12-2　打造品牌形象的技巧

## 12.1.3　企业形象——让用户乐于接触

关于刷屏，其实微信用户都会有排斥心理。而现在许多企业都意识到随意刷屏会对企业形象产生负面影响，所以都不会选择这种广告形式，反而更注重自己的商品质量，希望以良好的形象建立一个营销入口，让更多人乐于关注企业的产品。那么，企业如何打造良好的形象呢？下面以图解的形式进行分析介绍，如图 12-3 所示。

图 12-3　企业如何打造良好形象的分析

除了打造良好的形象外，企业在微信公众平台使用图文形式推广时，还需要注意图文内容的实用性和针对性。因此，发图文时一定要深思熟虑，要学会筛选有用的、有价值的信息进行发布；要对企业用户进行分析，知道用户的喜好，有针对性地进行营销与推广，少发心灵鸡汤，多发实用的经验；认识企业自身的优劣势所在，做到扬长避短，取精华去糟粕。

# 12.2  7种方式，应用优质内容获利

让用户为优质内容买单是一种比较常见的付费方式，也是众多用户基于某一目的而乐于付费的方式。

具体来说，内容付费包含多种形式，从付费与内容的关系来说，不仅有完全依靠优质内容本身获利的方式，如平台订阅付费、在线教学付费、点赞打赏付费和出版图书付费等；也有借助优质内容的传播来达到宣传推广目标的付费方式，如软文广告付费和冠名赞助付费；另外还有通过平台的部分组成内容来直接营销的获利方式，如电商盈利付费。

本节就从各种凭借内容的付费方式入手，介绍微信公众号管理者和运营者应该怎样去赢利赚钱。

## 12.2.1  平台订阅付费——有价值才有信任

付费阅读是微信运营者获取盈利的一种方式，它是指订阅者需要支付一定的费用才能够阅读平台上推送的某些文章。

付费阅读，同付费会员有一个共同作用，就是能够找出平台的忠实粉丝。但是，需要注意的是，微信运营者要实施付费阅读的话，就必须确保推送的文章有价值，不然就会失去粉丝的信任。

图 12-4 所示是微信公众

图 12-4  "罗辑思维"微信公众平台推出的付费订阅产品

号"罗辑思维"推出的付费订阅产品。

## 12.2.2　在线教学付费——可观的吸金方式

线上培训是一种非常有特色的培训形式，也是公众号运营者获得盈利的一种

常见方式，还是一种效果比较
可观的吸金方式。运营者要开
展线上培训，首先要确保教给
付费者的东西是有价值的，这
样才能满足用户的需求。

采用线上培训这种赢利方式
的公众号中，做得不错的微信公
众号有"四六级考虫"。"四六
级考虫"是一个为广大大学生及
想学习英语的群体提供培训的公
众号，它有自己的官方网站和手

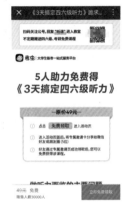

图 12-5　"四六级考虫"微信公众平台上的相关内容

机 App。"四六级考虫"公众号上的课程分为收费和免费两种，不同的课程价格也
不一样。图 12-5 所示是该公众平台上的相关内容。

## 12.2.3　点赞打赏付费——优质内容鼓励

为了鼓励优质的微信公众号内容，微信公众号后台推出了"赞赏"功能。由
于还在公测期间，因此只有部分公众号能够开通"赞赏"功能。开通"赞赏"功
能的微信公众号必须满足如图 12-6 所示的条件。

```
                        ┌─── 必须开通原创声明功能，这是极为重要的一个条件
开通"赞赏"功能 ───┤─── 除个人类型的微信公众号外，其他的必须开通微信认证
    的条件          └─── 除个人类型的微信公众号外，其他的必须开通微信支付
```

图 12-6　开通"赞赏"功能的条件

图 12-7 所示是“二号床”微信公众号的“赞赏”功能示例。

二号床
从此再也没有陌生人跑过来
让我悲伤
2017.1.11
我要吃糖
赞赏
13人赞赏
二号床
有一些听不见的声音
吵得我无法安眠
比如寂静
2017.7.23
赞赏

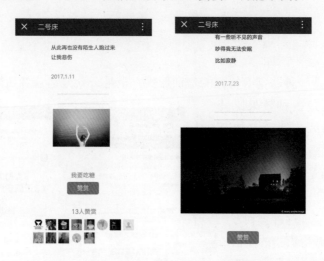

**图 12-7　“二号床”微信公众号的赞赏功能**

企业想要让自己的微信公众号开通赞赏功能，就需要经历两个阶段，如图 12-8 所示。

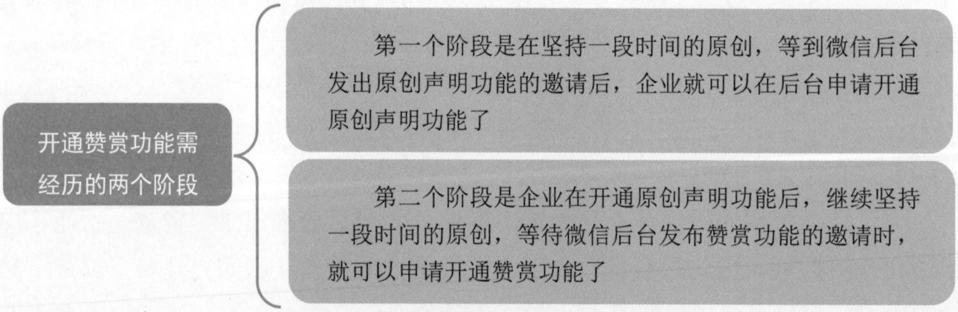
开通赞赏功能需经历的两个阶段
第一个阶段是在坚持一段时间的原创，等到微信后台发出原创声明功能的邀请后，企业就可以在后台申请开通原创声明功能了
第二个阶段是企业在开通原创声明功能后，继续坚持一段时间的原创，等待微信后台发布赞赏功能的邀请时，就可以申请开通赞赏功能了

**图 12-8　开通赞赏功能需经历的两个阶段**

## 12.2.4　出版图书付费——有基础有实力

图书出版付费，主要是指微信公众平台在某一领域或行业经过一段时间的经营，拥有了一定的影响力或者一定的经验之后，将自己的经验进行总结，然后进行图书出版以此获得收益的赢利模式。

只要平台运营者拥有雄厚的内容基础与实力，那么微信公众平台采用出版图书去获得盈利还是大有可为的。

例如微信公众平台"凯叔讲故事""手机摄影构图大全"等都曾采取这种方式去获得盈利，效果都比较可观。

图 12-9 所示是微信公众平台"手机摄影构图大全"推送内容中介绍的一个跟手机摄影相关的图书出版消息。

 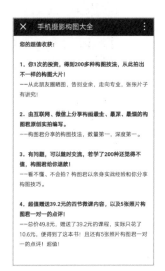

图 12-9　"手机摄影构图大全"微信公众平台上图书出版的案例

## 12.2.5　软文广告付费——无声渗入，有效营销

软文广告是指微信公众平台运营者在微信公众平台或者其他平台上以在文章中植入软性广告的形式推送文章。

文章中植入软性广告是指文章不会直接介绍产品，不会直白地夸产品有多好的使用效果，而是选择将产品渗入到文章情节中去，达到在无声无息中将产品的信息传递给消费者，从而让消费者乐意接受该产品。

软文广告形式是广大微信公众平台运营者使用的常见赢利方式，同时其获得的效果也是非常可观的。

图 12-10 所示是微信公众平台"日食记"推送的一篇介绍制作美食的软文，该篇文章以介绍美食和食材开头，在文中适时渗入产品广告。

图 12-10　　"日食记"微信公众平台推送的软文广告

## 12.2.6　冠名赞助付费——与赞助商实现双赢

　　一般来说，冠名赞助指的是运营者在平台上策划一些有吸引力的节目或活动，并设置相应的节目或活动赞助环节，以此吸引一些广告主的赞助。而对微信公众号来说，它的冠名赞助更多的是指运营者在平台上推送一些能吸引人的软文，并在合适位置为广告主提供冠名权，以此来获得盈利。

　　例如，大家熟悉的微信公众号——创业邦，就通过为众多企业和商家冠名来获利。图 12-11 所示"创业邦"为"孙峻涛"冠名的软文内容。

图 12-11　　"创业邦"推送的为"孙峻涛"冠名的软文内容

一方面，对运营者来说，冠名赞助的形式能让其在获得一定收益的同时提高粉丝对活动或节目的关注度；另一方面，对赞助者来说，可以利用活动的知名度为其带去一定的话题量，进而对自身产品或服务进行推广。因此，冠名赞助是一种平台和赞助商共赢的变现模式。

## 12.2.7  电商盈利付费——便捷化营销

微信的浪潮已经席卷了各个行业，电商行业也不可避免。原始的一手交钱一手交货的买卖方式可以照搬到互联网上，同时适用于微信营销，而且相比传统模式，微信营销更具优势。

微信平台的便捷化，让微信公众平台运营者的脚步迈得越来越大。目前，已经有不少电商巨头开始投入到微信公众平台营销的大潮中。

图 12-12 所示是京东微信公众平台的商品特卖入口。广大用户在京东微信公众号的界面上点击相应内容，即可进入京东的商品特卖专区选购商品。

图 12-12  京东微信公众平台的商品特卖入口

# 12.3  6 种方式，应用运营工作获利

在微信公众号的运营和营销中，除了可以通过优质内容来获利外，还可以通过运营工作来获利，或是运营自身账号，或是运营他人账号。其实，在积累了经

验的情况下，这也不失为一种不错的获利方式。

## 12.3.1　流量广告付费——量身定制的推广服务

流量主功能是腾讯为微信公众号量身定做的一个展示推广服务，是微信公众号的管理者将平台中指定位置拿出来给广告主打广告，以收取一定费用的一种推广服务。图12-13所示是"手机摄影构图大全"公众号为"同城艺龙"打的流量广告。

图12-13　"手机摄影构图大全"为"同城艺龙"打的流量广告

## 12.3.2　微商代理付费——反常规的营销模式

传统的微商招代理，通常是通过微信朋友圈或者微信群，其实利用微信公众平台也可以招代理。微商招代理是一种比较"反常规"的商业模式，为什么说它"反常规"呢？

因为微商招代理既能够让代理交钱，还能够让代理专注地为公司做事。通常，微商代理要缴纳一定的代理费用。其实这笔费用并不是无偿的，因为在代理缴纳费用后，公司会为代理提供相应的产品、培训以及操作方法。

图12-14所示为"非宅旅行沈阳站"微信公众号的招代理文章。

**图 12-14** "非宅旅行沈阳站"微信公众号的招代理文章

## 12.3.3 增值插件付费——添加产品链接

增值插件指的是微信运营者在公众平台上利用自定义菜单栏的功能添加微店、淘宝、天猫等可以购买产品的地址链接，或者直接在文章内添加购买产品的链接，以此来引导粉丝进行产品购买的一种赢利方式。

但是，运营者采用这种赢利方式的前提是自己拥有微店、淘宝、天猫等店铺，或者是跟其他商家达成了推广合作的共识，在自己公众号平台上给合作方提供一个链接位置，或者在推送的文章中插入合作方的链接。

添加增值插件这种赢利方式，很多微信公众平台都有使用，如"凯叔讲故事""罗辑思维"等微信公众平台。

## 12.3.4 招收付费会员——更高门槛的互动圈

招收付费会员也是微信公众平台运营者变现的方法之一，最典型的例子就是"罗辑思维"微信公众号。"罗辑思维"推出的付费会员制如下。

- 5000 个普通会员：200 元 / 个。
- 500 个铁杆会员：1200 元 / 个。

普通会员是 200 元 / 个，而铁杆会员是 1200 元 / 个，这个会员收费制度看似不可思议，但其会员名额却在半天就售罄了。

**专家提醒**

　　罗辑思维能够做到这么厉害的地步，主要是因为罗辑思维运用了社群思维来运营微信公众平台，将一部分属性相同的人聚集在一起，形成了一股强大的力量。

　　罗辑思维在初期的任务也主要是积累粉丝，它通过各种各样的方式来吸引用户，如写作、开演讲、录视频和做播音等。

　　等粉丝达到了一定的量之后，罗辑思维便推出了招收付费会员制度。对于罗辑思维来说，招收会员其实是为了设置更高的门槛，留下高忠诚度的粉丝，形成纯度更高、效率更高的有效互动圈。

## 12.3.5　App 开发付费——跨平台的收益方式

　　App 开发付费是指微信运营者开发自己专属的 App，将平台的粉丝引到自己的 App 上，从而获得盈利的一种方式。

　　有很多的微信运营者都有自己的平台 App，如简书公众平台的 App、聚美优品的 App 等。这些公众平台都能够通过 App 和公众平台相结合的方式，获得更多的关注度与收益。

## 12.3.6　代理运营付费——以转化流量换收益

　　一些企业想要尝试新的营销方式，这便给微信公众号运营者提供了另一个机会。有些微信公众号已经在营销上小有成就，获得了一定的经验和资金，这些账号开始另找财路，帮助一些品牌代理运营微信公众号。

　　现在的微信公众平台有很多粉丝过百万的独立账号，这些账号的粉丝基本上是通过微信公众号代理运营这一模式而获得的，或者是以前在微博上积累的用户转化过来的。

　　图 12-15 所示为微信公众号代理运营的模式。

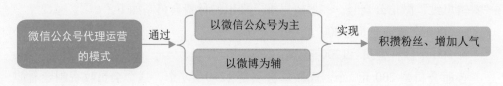

**图 12-15　微信代理运营的模式**